Die Stammtöne (I. Lage) / Die Grundakkorde

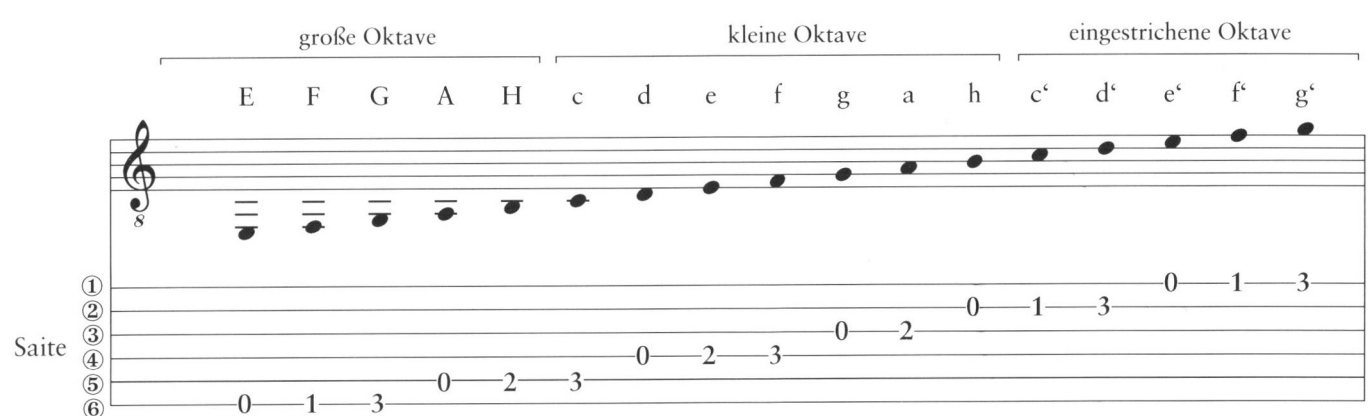

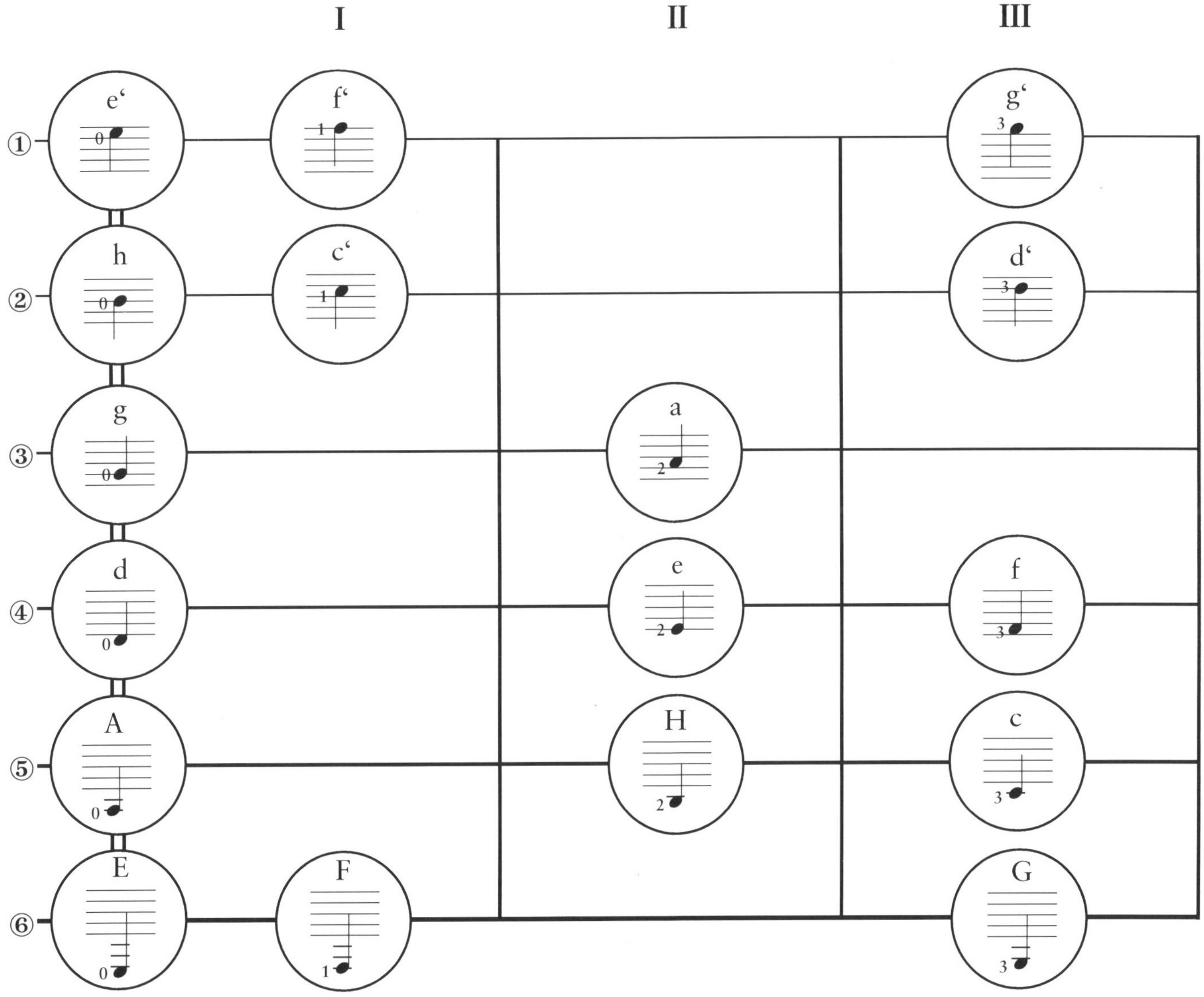

Jens Kienbaum/Hans-Werner Huppertz: Die Gitarren AG

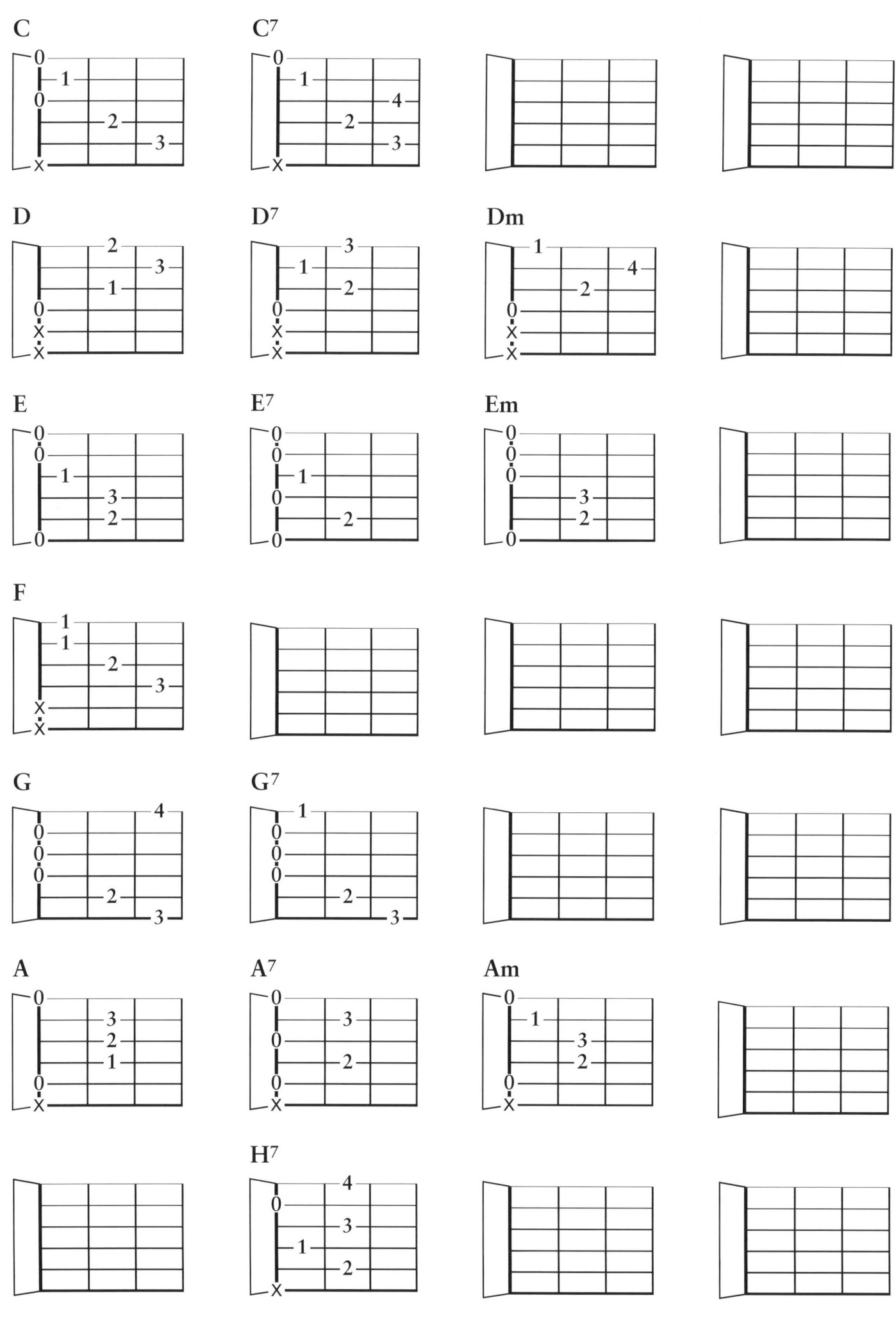

Die Gitarren AG
Gitarrenschule für Gruppen und Klassen

Jens Kienbaum + Hans-Werner Huppertz

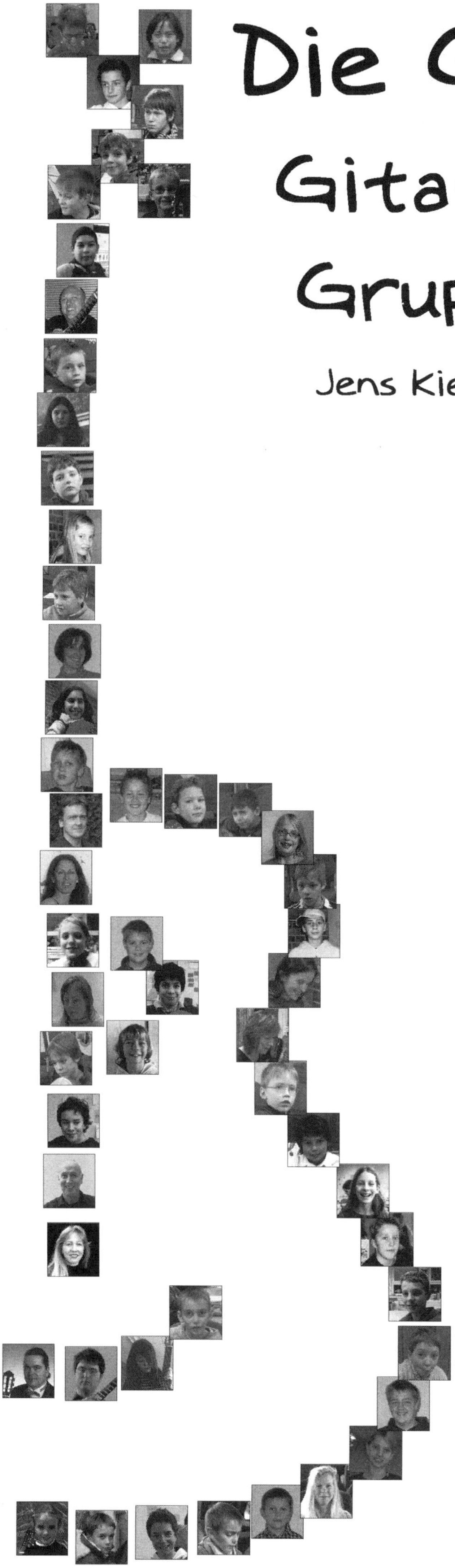

mit CD

Danksagung

Danken möchten wir an dieser Stelle allen, ohne die dieses Heft nicht zustande gekommen wäre: unseren Familien, unseren Schülern und Studenten, den Schulleiterinnen und Schulleitern, die bereitwillig unsere Projekte unterstützten, und natürlich unseren Kollegen, die in zahlreichen Gesprächen Tipps und Anregungen gegeben haben: Frank Gerstmeier, Detlev Bork, Armin Krüger, Jens Müller, Jens Jawer, Matthias Niemann, Dominik Jung, Bernd Golenia, Werner Kaumanns, Jörg Falk, Heinz-Peter Timmer, Ansgar Krause, Thomas Müller-Pering.
Und last but not least dem Team vom AMA Verlag um Detlef Kessler, besonders unserer Lektorin Karin Stuhrmann.

Impressum

Alle Rechte vorbehalten
Copyright © 2006 by
AMA Verlag GmbH
Postfach 1168
50301 Brühl
Germany

E-Mail: mail@ama-verlag.de
http://www.ama-verlag.de

CD: Jens Kienbaum & Hans-Werner Huppertz
Gitarren: Curt Claus Voigt, München
Saiten: C.C. Voigt, medium-tension
Aufnahmeort: Vieux Piècecuire, Tolbiac, März 2006
Aufnahmeleitung, Technik & Schnitt: Hans-Werner Huppertz

Umschlagillustration und Gestaltung: Jens Kienbaum
Gesamtherstellung: Detlef Kessler
Printed in Germany

AMA 610370
ISBN 978-3-89922-085-8
ISMN M-50155-029-6

Der Inhalt dieses Buches und der CD darf weder vollständig noch ausschnittsweise in irgendeiner Form (Druck, Fotokopie oder einem anderen Verfahren) ohne schriftliche Genehmigung reproduziert oder unter Verwendung elektronischer Systeme verarbeitet, vervielfältigt oder verbreitet werden.

Vorwort

Die vorliegende Schule ist aus der Praxis für die Praxis entstanden. Der Lernstoff wurde in Grundschulen, in der Sekundarstufe 1 & 2 und der Erwachsenenbildung von 4er- bis zu 20er-Gruppen erfolgreich angewendet.

Es war uns ein Anliegen, einen Gitarrenkurs zu entwickeln, der die elementaren Kenntnisse vermittelt und auch weiterführenden Unterricht ermöglicht, ohne dass ein Neulernen bzw. vollständiges Umlernen nötig wird.

Das Gitarrenspiel stellt von Anfang an hohe Anforderungen an beide Hände und deren Koordination. Diese komplexen Bewegungsabläufe mussten in kleine, verständliche und nachvollziehbare Einheiten unterteilt werden, vom Daumenanschlag bis zu Vierfinger-Arpeggien, vom gegriffenen einzelnen Ton bis zu umfangreichen Akkordfolgen. Das Gleiche galt für den Rhythmus. Wenn die Schüler in der Lage sind, gleichmäßige Notenwerte zu spielen, können sie die darauf aufbauenden komplizierteren Rhythmen mit Überbindungen und Synkopen auch verstehen und umsetzen.

Wir waren bemüht, immer nur einen neuen Aspekt des Gitarrenspiels pro Übung anzubringen und diesen dann in mehreren Lektionen zu vertiefen.

Die Einstellung auf eine im Studium oft nicht behandelte Unterrichtssituation ist schwierig genug. Die Frage: „Was mache ich jetzt bloß mit den Schülern?", sorgt nicht gerade für einen leichten Einstieg. Daher war eine weitere Vorgabe, ein umfangreiches Arbeits- und Spielbuch mit didaktischen Kommentaren zu erstellen, mit dem unsere Lehrerkolleginnen und -kollegen Gruppen- bzw. Klassenunterricht erteilen können.

Da der Instrumentalunterricht den allgemeinen Musikunterricht nicht ersetzen kann und soll, wurde bewusst auf umfangreiche Harmonielehre und Inhalte wie rhythmisches Laufen, Bodypercussion, Mal- und Bastelspiele verzichtet. Dies sind Bestandteile der musikalischen Früherziehung und sollten dem Musikunterricht in den Musik- und allgemeinbildenden Schulen vorbehalten bleiben.

Uns ging es vielmehr darum, von Anfang an den authentischen Gitarrenklang zu vermitteln, denn der Klang ist letztendlich der Grund, weshalb man sich für unser Instrument entscheidet.

In diesem Sinne viel Freude am schönen Klang der Gitarre.

Jens Kienbaum & Hans-Werner Huppertz

Inhalt

1. Teil
Der Anfang — 5
Die Gitarre — 5
Das Zubehör — 5
Die Saiten — 6
Die Spielhaltung — 7
Der Daumenanschlag — 8
Die Basssaiten — 9
Akkordanschlag/Kontrollanschlag — 15
Die Melodiesaiten — 16
Die linke Hand — 18

2. Teil
Bassmelodien mit Begleitung
Erste gegriffene Töne & Akkorde — 20
Der Ton G — 20
Der Ton H — 24
Der Ton e — 29
Übeplan — 35
Der E-Moll-Akkord — 36
Der Ton c — 38
Der Ton a — 44
Der Ton c' — 47
Der A-Moll-Akkord — 49
Der C-Dur-Akkord — 52
Der Ton f' und G7/D — 57
Der G7-Akkord — 58
Der Ton f — 62
Der F-Dur-Akkord — 65

3. Teil
Wechselschlag
Melodiespiel auf den Diskantsaiten — 68
Apoyando/Tirando — 68
Übungen im Wechselschlag — 69
Der Ton d' — 72
Der Ton F — 76
Der Ton g' — 78
Der D-Moll-Akkord — 82
Fingergymnastik für den 4. Finger — 85
Der G-Dur-Akkord — 86

4. Teil
Vorzeichen/Versetzungszeichen
Weitere Akkorde — 88
Der D-Dur-Akkord — 89
Der A-Dur-Akkord — 93
Der E-Dur-Akkord — 95
Der Ton a' — 98

5. Teil
Solo- und Ensemblestücke — 100

6. Teil
Zur Arbeit mit diesem Buch — 114
Die Unterrichtssituation — 114
Unterrichtsmodelle — 115
Das Erarbeiten von
  Stücken im Unterricht — 116
Zum 1. Teil — 117
Zum 2. Teil — 122
Zum 3. Teil — 127
Zum 5. Teil — 128
Zum 7. Teil — 129
Zur beiliegenden CD — 130
Ausblick — 130

7. Teil
Anhang — 131
Wechseln der Saiten — 131
Die Stammtöne (1. Lage) — 132
Die Grundakkorde — 133
Titelverzeichnis — 134
CD-Index — 135
Die gelernten Töne — 136
Übeplan — 138
Notenlinien — 139

© 2006 by AMA Musikverlag

1. Teil
Der Anfang

Die Gitarre

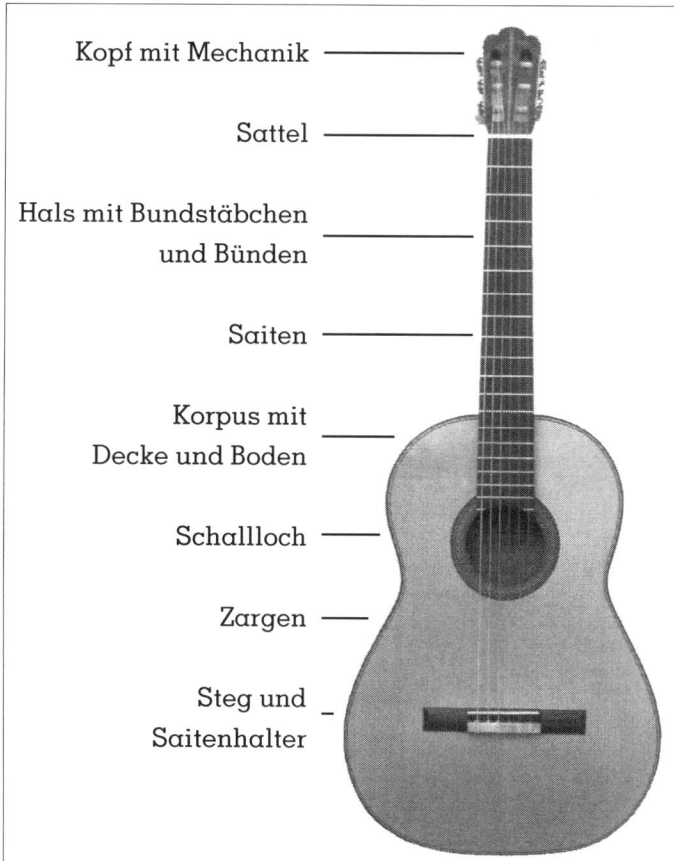

Kopf mit Mechanik

Sattel

Hals mit Bundstäbchen und Bünden

Saiten

Korpus mit Decke und Boden

Schallloch

Zargen

Steg und Saitenhalter

Man unterscheidet zwischen akustischen und elektrisch verstärkten Gitarren.
Die Abbildung zeigt eine Konzertgitarre, der meist verbreitete Typ der Akustikgitarre. Die Konzertgitarre ist mit Nylonsaiten bespannt, die sich aufgrund der weicheren Oberfläche für den Anfänger besser eignen als Stahlsaiten wie bei einer E- oder Westerngitarre.

Das Zubehör

Fußbank/Stütze/Kissen

Es gibt grundsätzlich zwei Möglichkeiten, die Gitarre in eine gute Spielposition zu bringen: durch eine Fußbank oder durch so genannte Stützen bzw. Stative.

© 2006 by AMA Musikverlag

Stimmgerät

Sehr selten ist ein Anfänger ohne musikalische Vorkenntnisse in der Lage eine Gitarre zu stimmen, daher sei an dieser Stelle unbedingt ein elektronisches Stimmgerät empfohlen. Diese Geräte gibt es ab ca. Euro 15,- im Handel.

Hülle/Koffer

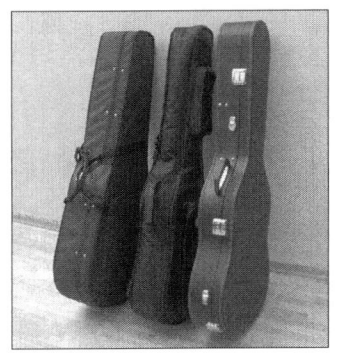

Um Transportschäden zu vermeiden, gehört eine Gitarre unbedingt in eine gut gepolsterte Tasche oder einen Koffer. Es gibt neben den schweren und oft teuren Holzkoffern Alternativen aus Hartschaum. Diese Koffer schützen die Gitarren selbst bei kleineren Stürzen, sind angenehm leicht und nicht wesentlich teurer als eine gute Tasche.

Noten- & Gitarrenständer

Das tägliche Üben fällt leichter (auch ins Auge), wenn man sich eine kleine „Musizierecke" einrichtet. Dort sollte neben einem Stuhl mit gerader Sitzfläche die Fußbank oder die Gitarrenstütze stehen. Ein Notenständer (ab ca. 10,- Euro) mit aufgeschlagenen Noten und im Idealfall ein Gitarrenständer (auch ab ca. 10,- Euro) machen das tägliche Üben leichter.

Die Saiten

Die mit Metall umwickelten Saiten der Gitarre werden Basssaiten oder „tiefe" Saiten genannt. Die Nylonsaiten dagegen sind die Melodiesaiten, Diskantsaiten oder auch „hohen" Saiten, da sie hohe Töne produzieren.
Wir zählen die Saiten von den Melodiesaiten aus.

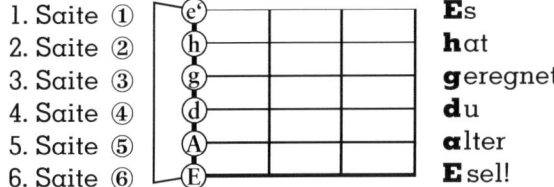

1. Saite ① — e' — **E**s
2. Saite ② — h — **h**at
3. Saite ③ — g — **g**eregnet
4. Saite ④ — d — **d**u
5. Saite ⑤ — A — **a**lter
6. Saite ⑥ — E — **E**sel!

Die Namen der Saiten lassen sich leicht mit folgendem Merksatz einprägen:

Merkhilfe

> *„Es hat geregnet du alter Esel!"*

Die Saiten werden von der klanglich höchsten Saite aus gezählt. Die Zahlen für die Saiten werden in einem Kreis geschrieben, um sie von Fingersätzen zu unterscheiden!

Die Spielhaltung

Durch die Fußbank oder Stütze wird die Gitarre angehoben.
Der Kopf der Gitarre befindet sich auf Augenhöhe.

Die Greifhand kann bei möglichst geradem Handgelenk durch Schultergelenk und Ellenbogen in eine günstige Spielposition gebracht werden.

 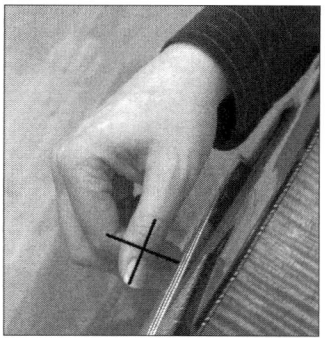

Auch bei der Anschlagshand ist ein gerades Handgelenk erstrebenswert. Der Unterarm ruht mit wenig Druck etwas unterhalb des Ellenbogens auf dem Zargenrand. Daumen und Zeigefinger sollten von oben betrachtet ein X ergeben.

Die Bilder und Beschreibungen beziehen sich auf Rechtshänder.
Da an beide Hände etwa gleich hohe Anforderungen gestellt werden, empfiehlt sich selbst für „überzeugte" Linkshänder nicht nur aus wirtschaftlicher Sicht (es gibt einfach mehr und dadurch günstigere Rechtshändergitarren) die Rechtshänderposition.

Quiz

> **?** Wie heißt die 2. Saite? Zeig sie auf der Gitarre!

> **?** Wie heißt die 5. Saite der Gitarre?

Immer wenn ein Kästchen mit einem Fragezeichen erscheint, ist unser Wissen gefragt.
Wir tragen die Antwort am besten ohne Nachschauen ein.

Der Daumenanschlag

Grundstellung

Den Daumen stützen wir auf die tiefe E-Saite.

Wir stützen den

Zeigefinger auf die	g-Saite	(3. Saite),
Mittelfinger auf die	h-Saite	(2. Saite),
Ringfinger auf die	e'-Saite	(1. Saite),

dadurch stabilisieren wir die Hand und erleichtern dem Daumen den Anschlag.

Runde Haltung

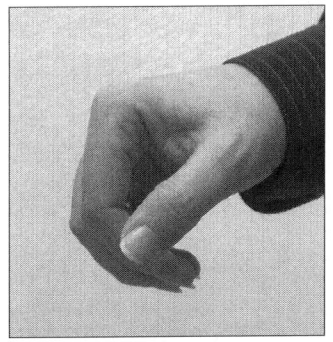

Es empfiehlt sich, einmal einen kleinen Ball locker in die Hand zu nehmen, dieses Gefühl merken (abspeichern) und auf die Handhaltung (Spielgefühl) beim Gitarrenspiel zu übertragen.

Anschlag mit X-Stellung

Der Daumen schlägt die Saite an. Nach dem Anschlag der Saite schwingt der Daumen in Richtung Außenseite des Zeigefingers (X-Stellung). Der Daumen kann und darf, muss aber nicht den Zeigefinger berühren.

Wichtig ist, dass der Finger in der Bewegung nicht gestoppt wird und nicht in die Hand, also am Zeigefinger vorbei schlägt.

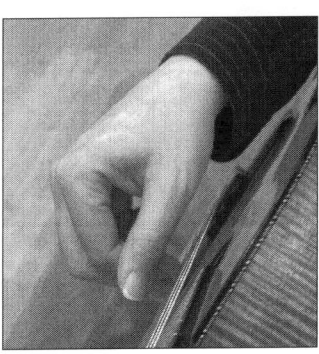

© 2006 by AMA Musikverlag

# Die Basssaiten

Wir schlagen mit dem Daumen – wie oben beschrieben – die E-Saite ⑥ an.

CD 1	Wir schlagen an:	E	E	E	E	E	E	E	E
	Wir zählen dabei:	1	2	1	2	1	2	1	2

Betonungen Wir spielen in einem gemütlichen Tempo, das einem bequemen Gehen entspricht. Jetzt spielen wir die vorangegangene Übung noch einmal mit einer Betonung auf der jeweiligen Eins. Die betonte Note wird mit einem Akzent- oder Betonungszeichenzeichen „>" versehen:

		>		>		>		>	
CD 1 00:18	Wir schlagen an:	E	E	E	E	E	E	E	E
	Wir zählen dabei:	1	2	1	2	1	2	1	2

Taktstriche Zur besseren Übersicht benutzt man in der Musik Taktstriche, sie gliedern die Töne ähnlich wie Kommas und Punkte einen Text. Der erste Ton eines Taktes wird betont. Deswegen können wir hier auf die Betonungszeichen verzichten. Wir spielen jetzt die 5. Saite, Ton A, und zählen (laut) mit:

		(>)		(>)		(>)		(>)	
CD 1 00:35	Wir spielen:	A	A	| A	A	| A	A	| A	A ‖

Ein Doppelstrich, von dem der zweite Strich etwas dicker ist, der so genannte Schlussstrich, zeigt das Ende des Stückes an.
Wenn wir die 4. Saite anschlagen, klingt der Ton d:

| CD 1 00:52 | Wir spielen: | d | d | \| d | d | \| d | d | \| d | d ‖ |

Notenlinien/Schlüssel Die Noten für die klingenden Töne werden in ein Notensystem aus 5 Notenlinien mit einem Notenschlüssel geschrieben. Die „8" unter dem Schlüssel sagt uns, dass die Gitarre eine Oktave tiefer klingt, als sie notiert ist:

Noten Noten bestehen aus einem Notenkopf und aus einem Notenhals:

Die d-Saite

Die Note für die eben gespielte d-Saite wird unter die unterste Notenlinie geschrieben.

Immer wenn wir eine neue Note lernen, schreiben wir sie mehrmals in das vorbereite Notensystem auf S. 136.

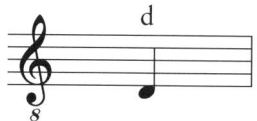 © 2006 by AMA Musikverlag

Griffbilder 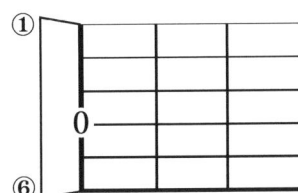 Zur Orientierung wird jeder neue Ton, den wir ab jetzt lernen, in Notenschrift und als Griffbild vorgestellt.
Die „Null" zeigt uns, dass die ungegriffene, leere Saite gespielt wird. Entsprechend kann als Lesehilfe bei den Noten eine „Null" für „leere Saite" stehen.

Die zuletzt gespielte Übung wird in Noten folgendermaßen geschrieben:

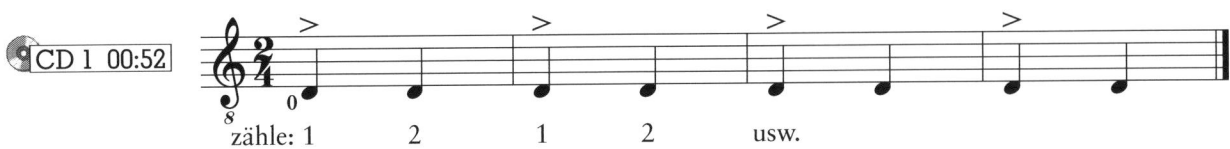

Viertelnote ♩   Eine Viertelnote ♩ ist einen Schlag oder eine Zählzeit lang. In unseren Übungen dauert eine Zählzeit etwa so lang wie ein Schritt beim Gehen.

2/4-Takt   Das 2/4-Zeichen nach dem Notenschlüssel sagt uns, dass jeder Takt zwei Viertelnoten lang ist.

Die E-Saite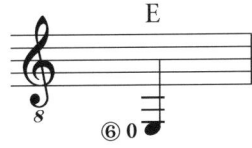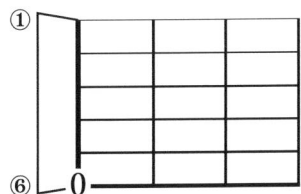

4/4-Takt   Bei dieser Übung steht ein 4/4-Zeichen am Anfang der Notenzeile. Ein 4/4-Takt setzt sich aus zwei 2/4-Takten zusammen und besteht deshalb aus vier Schlägen bzw. Viertelnoten.
Im 4/4-Takt wird der erste Schlag betont. Der dritte Schlag wird etwas weniger betont und der zweite und vierte Schlag werden leiser gespielt.

Wir zählen beim Spielen:

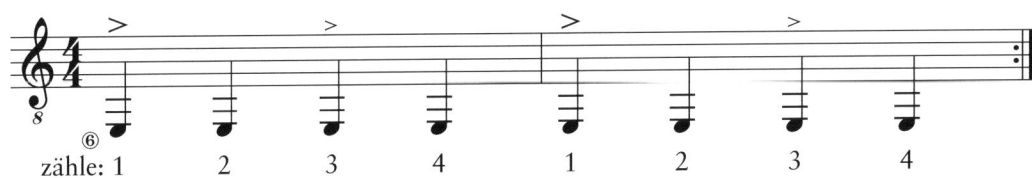

Wiederholungszeichen   Am Ende steht hier ein Schlussstrich mit 2 Punkten, das Wiederholungszeichen. Wir spielen das Ganze einfach noch einmal.

Die A-Saite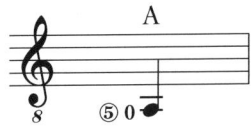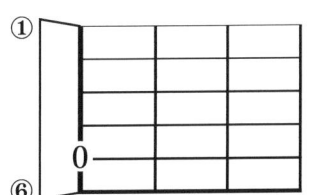

 **Bruder Jakob** (1. Begleitung mit Vierteln)

Trad.

Akkoladen   Die Gitarrenstimme und die Melodie von „Bruder Jakob" sind am Anfang mit einer Klammer versehen. Notensysteme, die so verbunden sind, gehören zusammen und bilden eine Akkolade. Die Stimmen einer Akkolade klingen zusammen.
Wir spielen die untere Stimme der beiden Akkoladen.

Halbe Note ♩   Eine halbe Note ist so lang wie zwei Viertelnoten, also zwei Schläge: ♩ = ♩♩

 Bruder Jakob (2. Begleitung in halben Noten)

Trad.

© 2006 by AMA Musikverlag

Im nächsten Lied spielen wir die A- und die E-Saite.
Wie wird die Gitarrenstimme des nächsten Liedes gezählt? Wir tragen die Zählzeiten unter die Noten ein. Das Gleiche machen wir auch bei den folgenden Übungen.

CD 3 — He ho, spann den Wagen an
Trad.

He ho, spann den Wa-gen an, denn der Wind treibt Re-gen ü-ber's Land. Hol die gold-nen Gar - ben, hol die gold-nen Gar - ben.

CD 4 — d-Saite mit Halben und Vierteln

1 2 3 4   1 2 3 4   usw.

CD 5 — Merrily We Roll Along (A- und d-Saite)
Trad.

Mer-ri - ly we roll a-long, roll a-long, roll a-long, mer-ri - ly we roll a-long o'er the deep blue sea.

Jules (12 Jahre) fragt:

Warum wird der Name bei der d-Saite klein, bei der A- & E-Saite aber groß geschrieben, und warum hat die e'-Saite diesen Strich?

Antwort: Die Tonnamen werden in verschiedenen Tonlagen wiederholt. Am besten sehen wir das auf dem beiliegenden Blatt zum Finden der Noten. Damit man unterscheiden kann, ob ein hoher oder ein tiefer Ton gemeint ist, bedient man sich für die tiefen Töne der Groß-, für die mittleren der Kleinschreibung. Den Kleinbuchstaben für die hohen Töne fügt man einen oder mehrere Striche hinzu.

Hier das erste Duostück. Ein Teil der Gruppe spielte das obere Notensystem einer Akkolade, ein anderer das untere. Danach wird gewechselt.

CD 6 E-, A-, d-Saite

CD 7 Drei Chinesen mit dem Kontrabass

Trad.

Drei Chi - ne - sen mit dem Kon - tra - bass sa - ßen auf der Stra - ße und er - zähl - ten sich was.

Kam die Po - li - zei: „Ja was ist denn das?" Drei Chi - ne - sen mit dem Kon - tra - bass.

? Wie heißt die Saite?

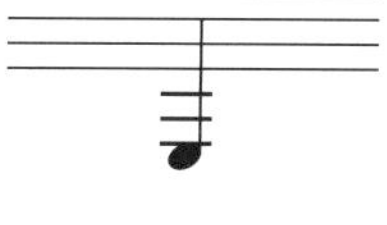

? Wie wird hier gezählt? Wir schreiben es unter die Noten.

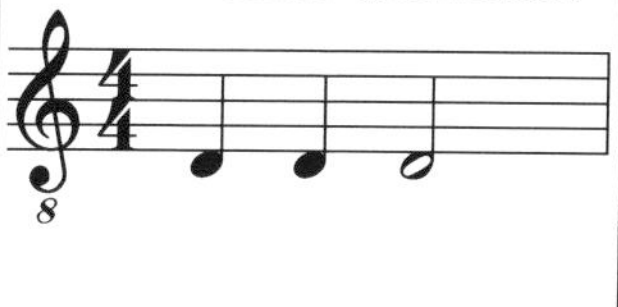

? Wir schreiben den Spruch für die Saiten!

© 2006 by AMA Musikverlag

CD 8 Auf der Mauer, auf der Lauer

Trad.

Blues

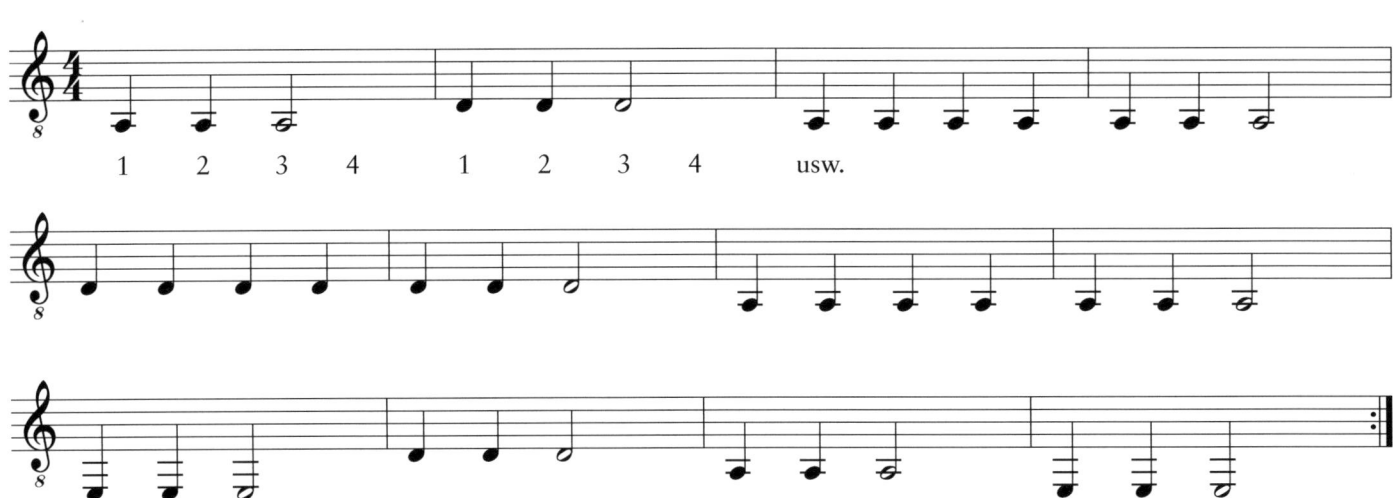

Wichtig Wenn wir beim gemeinsamen Spielen die Orientierung verlieren und dann „rauskommen", ist das nicht schlimm. Wir versuchen aber auf jeden Fall wieder den Anschluss zu finden. Das Zählen der Taktschläge hilft uns dabei: Auf der ersten Zählzeit zu Beginn eines jeden Taktes wird eine Betonung gespielt.
Lautes Mitzählen ist hier unbedingt empfehlenswert.

Und jetzt die Preisfrage: Was haben wir in diesem Kapitel alles gelernt?

1. _____

2. _____

3. _____

Akkordanschlag / Kontrollanschlag

Fingerbezeichnung

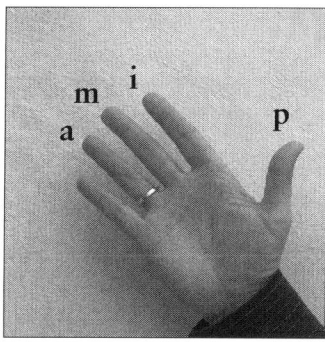

Die Bezeichnungen für die Finger der Anschlagshand kommen aus dem Spanischen und sind:

a	=	anular	=	Ringfinger
m	=	medio	=	Mittelfinger
i	=	indice	=	Zeigefinger
p	=	pulgar	=	Daumen

Anschlagsrichtung

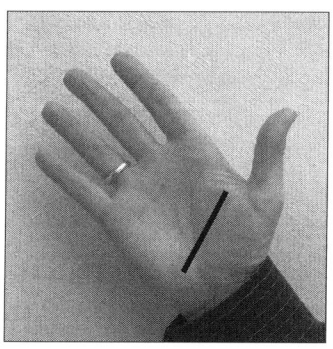
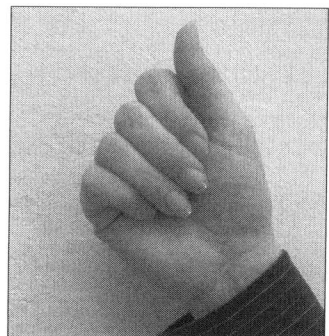

Beim Anschlag mit den Fingern stellen wir uns vor, wir wollen die eingezeichnete Linie im Handteller mit den Fingerspitzen berühren. Das ist der gleiche Bewegungsablauf wie beim Schließen der Hand zur Faust.

Grundstellung

wie auf S. 8 beschrieben:

Daumen	p	auf Saite ⑥
Zeigefinger	i	auf Saite ③
Mittelfinger	m	auf Saite ②
Ringfinger	a	auf Saite ①

Der Anschlag

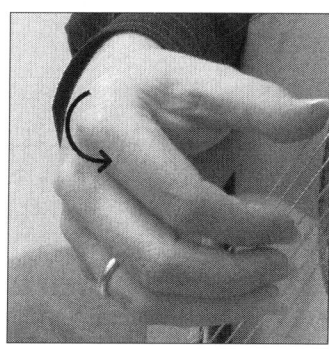

Wir schlagen nun mehrmals die drei Melodiesaiten gleichzeitig mit i-m-a an. Der Daumen kann auf der E-Saite gestützt bleiben.

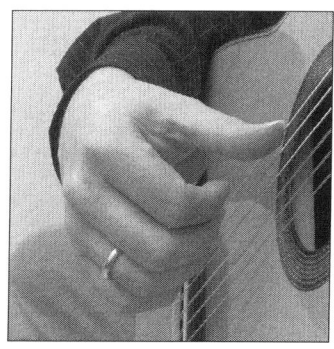

Die Finger gleiten über die Saiten und schwingen aus dem Grundgelenk heraus in Richtung Handteller. Ähnlich wie das Bein beim Fußballschuss aus der Hüfte schwingt.

© 2006 by AMA Musikverlag

Der 1. Akkord

Mit dieser ausgeführten Anschlagsübung spielen wir bereits unseren ersten Akkord. Wenn mindestens 3 unterschiedliche Töne gespielt werden, spricht man von einem Akkord. Wie wir später lernen werden, handelt es sich um E-Moll.

 Wir schlagen abwechselnd mit Daumen und den anderen drei Finger an.

	a m i		a m i		a m i		a m i	
	p		p		p		p	
Wir zählen dabei:	1	2	3	4	1	2	3	4

Die Melodiesaiten

e'-Saite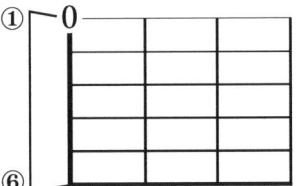

h-Saite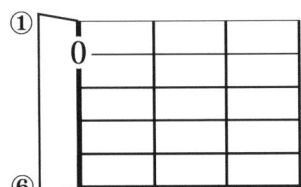

g-Saite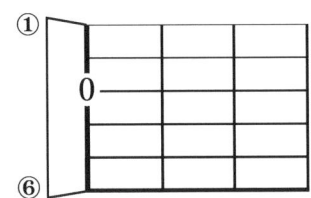

Hannah (12 Jahre) fragt:  *Warum wird der Notenhals beim e' und h nach unten und beim Ton g nach oben geschrieben?*
Antwort: Oberhalb der Mittellinie wird der Notenhals nach unten geschrieben. Die Halsrichtung spielt für die Ausführung einer Note keine Rolle, aber wie wir gleich sehen werden, sagt sie etwas über die Zugehörigkeit zu einer Stimme aus.

Unsere Anschlagsübung in Noten geschrieben:

Viertelpause

Eine Viertelpause ist so lang wie eine Viertelnote: ♩ = 𝄽

In der Viertelpause setzen wir die Finger i, m, a auf die Saiten 1, 2, 3. Dadurch dämpfen wir die Saiten, der Ton kann nicht weiterklingen (was ja der Sinn einer Pause ist), und wir bereiten damit gleichzeitig die Finger für den nächsten Anschlag vor.

Zweistimmigkeit

In der letzten Übung wurden zum ersten Mal zwei Stimmen in einem Notensystem notiert. Damit man die beiden Stimmen unterscheiden kann, wird die obige Regel zur Richtung der Notenhälse aufgehoben. In diesem Fall haben die Noten der Oberstimme den Hals nach oben, auch wenn die Noten über der Mittellinie stehen. Entsprechend haben die Noten der Unterstimme (Bassnoten) die Halsrichtung nach unten. Beide Stimmen müssen jeweils einen vollständigen 4/4-Takt ergeben.

Try To Remember

J. Kienbaum/H.-W. Huppertz

Halbe Pause

Eine halbe Pause ist so lang wie eine halbe Note: 𝄼 = 𝅗𝅥

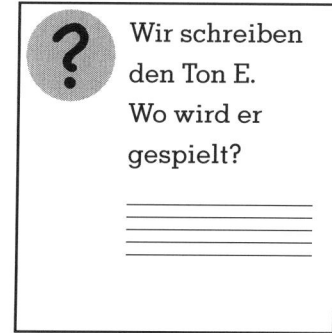

Wir schreiben den Ton E. Wo wird er gespielt?

Wie heißen die Töne? Trage die Namen ein und spiele sie.

Welcher Finger der rechten Hand wird mit „a" bezeichnet?

Die linke Hand

Fingersatz

1	=	Zeigefinger
2	=	Mittelfinger
3	=	Ringfinger
4	=	Kleiner Finger

Die Finger der linken Hand werden mit einfachen Zahlen bezeichnet, damit sie nicht mit den Saitenbezeichnungen, die in einem Kreis stehen, verwechselt werden.

Lage Nach dem ersten Finger der Greifhand richtet sich die Positionsbezeichnung auf dem Griffbrett der Gitarre. Der Fachbegriff heißt Lage und die Angabe erfolgt in römischen Ziffern.
Greift also der erste Finger im 5. Bund, spielt man in der V. Lage.

Zur Stärkung der Finger der linken Hand hier zwei kleine Übungen, damit das nun folgende Greifen der Töne kein großes Problem wird:

Übung 1

Zunächst setzen wir die Finger ab dem 5. Bund auf die g-Saite. D. h., der erste Finger greift im 5. Bund, der zweite im 6., der dritte im 7. und der kleine Finger im 8. Bund. Bei kleineren Händen kann es hilfreich sein, die Übung im 6., 7. etc. Bund anzufangen. Bei größeren Händen oder Übefortschritt kann man auch in tieferen Lagen (4., 3. Bund) beginnen.

Der linke Daumen befindet sich locker gegenüber dem Mittelfinger etwa in der Mitte der Halsrückseite.

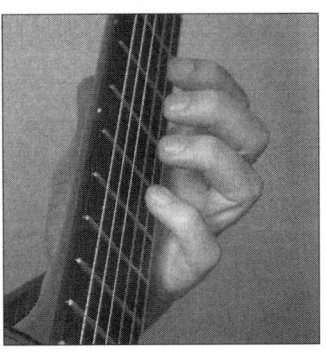

Jetzt heben wir die Finger wieder ca. 1 cm von der Saite.

Nun „klopft" der erste Finger mehrmals im 5. Bund auf die g-Saite, möglichst nahe am Bundstab zum 6. Bund. Alle anderen Finger bleiben in der Luft.

Nach dem ersten Finger klopft der zweite, dann der dritte und schließlich der vierte. Um die schwächeren Finger 3 und 4 zu trainieren, empfiehlt es sich, mit den beiden ein paar Wiederholungen mehr zu machen.

Wichtig ist, dass man ein kräftiges Klopfgeräusch hört, es zeigt an, dass die Bewegung schnell und kräftig genug ausgeführt wurde.

Übung 2

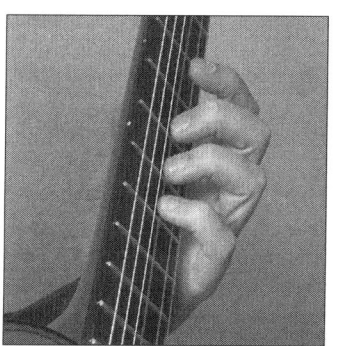

Wir nehmen die zuvor beschriebene Position in der V. Lage auf der g-Saite ein. Lassen aber diesmal die Finger mit leichtem Druck auf der Saite liegen.

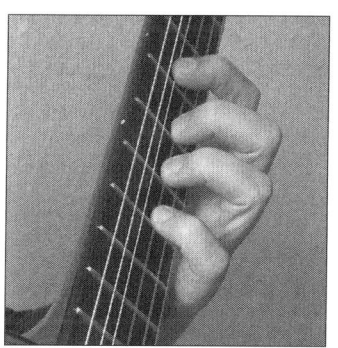

Jetzt heben wir den ersten Finger ab und klopfen im 5. Bund auf die d-Saite, während alle anderen Finger in ihrer Position auf der g-Saite bleiben. Wieder soll ein deutlicher Ton zu hören sein. Wir wiederholen das Klopfen einige Male.

Wie bei der ersten Übung folgen die anderen Finger. Alle Finger, die nicht klopfen, liegen auf der g-Saite.

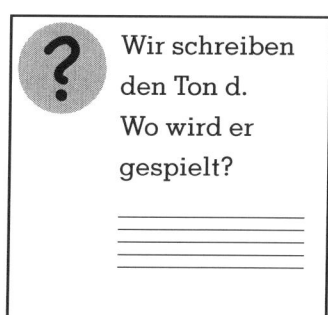

Finger 3 und 4 etwas häufiger verwenden und später auch auf der A-, E-, h- und e'- Saite probieren.

 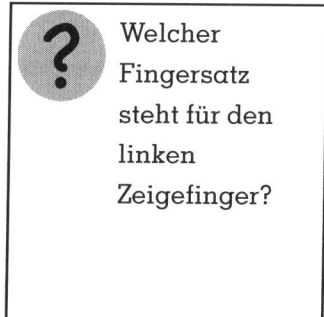

? Wir schreiben den Ton d. Wo wird er gespielt?

? Wie heißt der Ton? Wo wird er gespielt?

? Welcher Fingersatz steht für den linken Zeigefinger?

2. Teil
Bassmelodien mit Begleitung
Erste gegriffene Töne & Akkorde

Der Ton G

 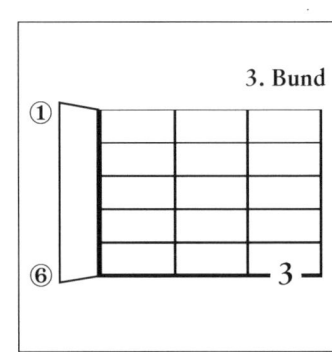 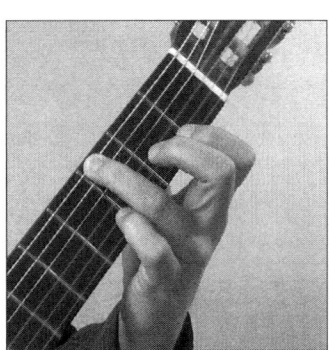

- Das Diagramm in der Mitte zeigt, wie auch auf dem Foto zu sehen ist, dass der dritte Finger (Ringfinger) im dritten Bund auf der sechsten (E-) Saite den Ton G greift.

- Wir setzen also den 3. Finger mit der Fingerkuppe nah am 3. Bundstäbchen senkrecht auf die Saite. Wenn der Finger zu weit vom Bundstäbchen entfernt ist, müssen wir umso fester drücken. Wir probieren das mal aus.

Die Töne, die wir üben

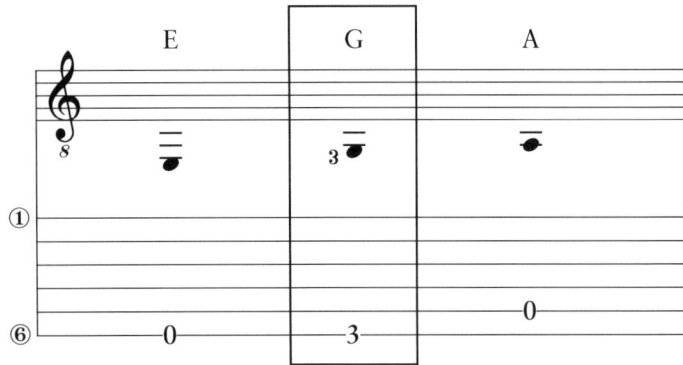

Grundstellung

Bevor wir die folgenden Vorübungen spielen, setzen wir die Finger der rechten Hand auf die Saiten auf:

Daumen	p	auf Saite ⑥
Zeigefinger	i	auf Saite ③
Mittelfinger	m	auf Saite ②
Ringfinger	a	auf Saite ①

Auch in der linken Hand bereiten wir den Finger vor. D. h., wir greifen kurz mit dem 3. Finger das G, heben den Finger wieder (ca. 1 cm) hoch und dann geht es los:

Aufwärts:

* Wenn wir das A spielen, heben wir den 3. Finger hoch, damit die Töne G und A nicht gleichzeitig klingen.

Abwärts:

CD 11 Try It With Variations

J. Kienbaum

Lea (11 Jahre) fragt:  *Warum stehen nicht bei allen Noten Zahlen für die Fingersätze?*
Die Fingersätze sollen eine Hilfe sein. Sie müssen nicht bei jedem Ton stehen. Dann wäre nämlich die Versuchung zu groß, nach den Fingersätzen statt nach den Noten zu spielen.

CD 11 00:41 Variation 1

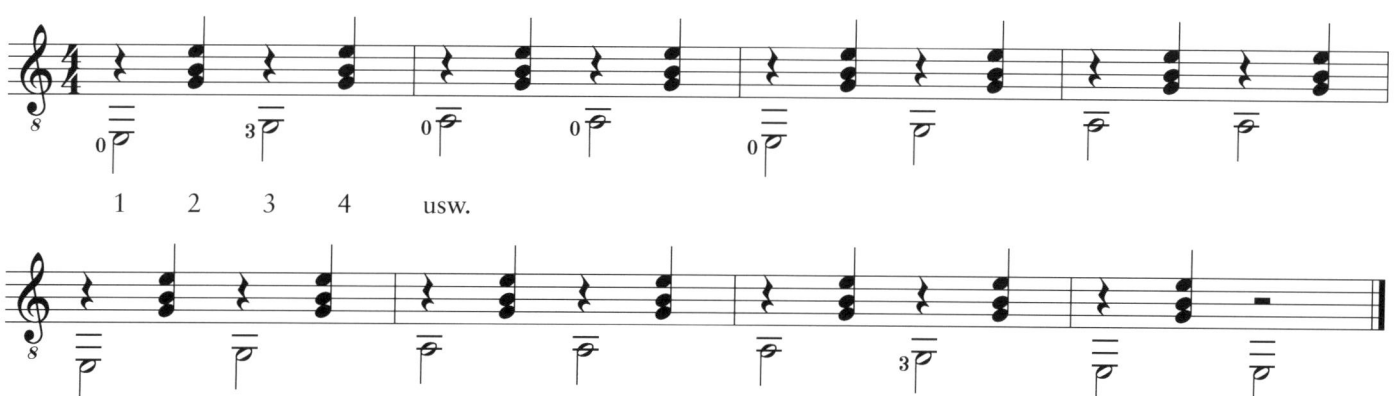

© 2006 by AMA Musikverlag

1. p-a

- Auch wenn wir nur mit einem Finger nach dem Daumen anschlagen, müssen wir das gleiche Bewegungsgefühl haben wie bei dem gemeinsamen Anschlag von a-m-i: aus dem Grundgelenk heraus, auf einen Punkt im Handteller zu.
- Die jeweils nicht beteiligten Finger der rechten Hand werden nicht auf die Saiten aufgestützt.

2. p-m

3. p-i

In der folgenden Vorübung werden die Finger i-m-a immer mit dem Daumen aufgesetzt und dann sozusagen abgerollt bzw. nacheinander gespielt:

Achtelnoten ♪   Zwei Achtelnoten sind so lang wie eine Viertelnote: ♩ = ♪♪ oder ♩ = ♫
Wenn zwei oder mehr Achtelnoten zusammenstehen, ersetzen Balken die Fähnchen.
Wir zählen Achtelnoten mit einem „und", das an die Viertelschläge angehängt wird.

Variation 2

Anita (10 Jahre) fragt:

Warum sind die Achtelnoten mit den halben Noten verbunden?

Die Noten zu Beginn der Achtel-Vierergruppen gehören sowohl zu Ober- als auch zur Unterstimme. Als Teil der Oberstimme haben sie den Notenhals nach oben und sind mit den anderen Achtelnoten „zusammengebalkt". Sie haben aber als Unterstimme „halbe Notenköpfe" und den Hals nach unten, müssen also durchklingen. Der Daumen darf deshalb während des Spiels der anderen Finger auf keinen Fall aufgesetzt werden.

Tägliche Übung 1

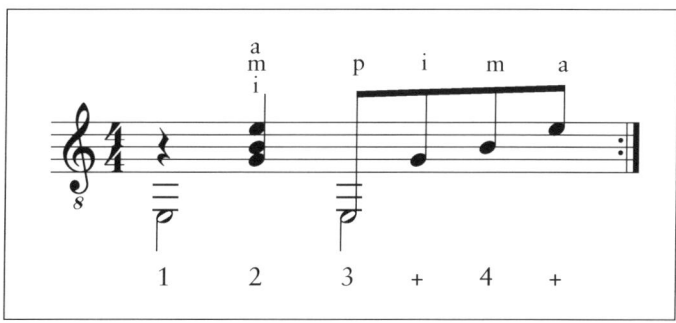

Diese Anschlagsform üben wir gemeinsam zu Beginn jeder Unterrichtseinheit mit leeren Saiten.

🎵 CD 12   Danach spielen wir die Anschlagsform mit den jeweils bekannten Basstönen aufwärts und abwärts.

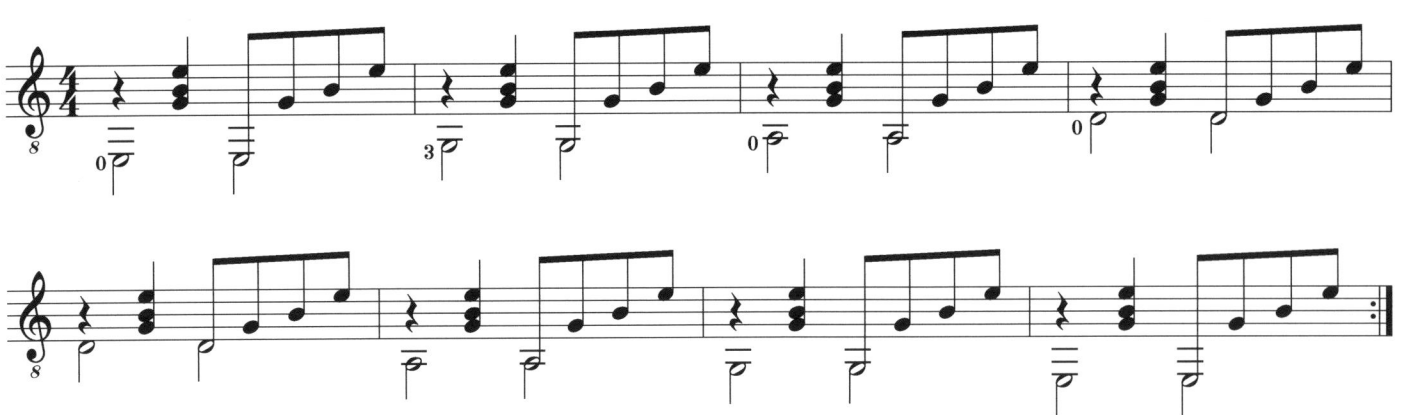

Der Ton H

 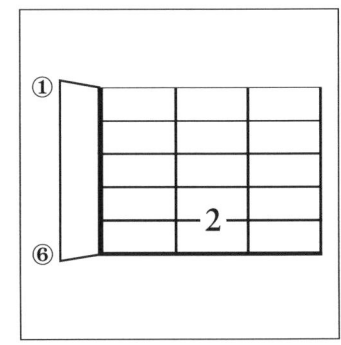 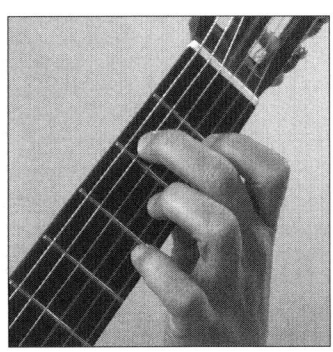

Lena (11 Jahre) fragt:

Warum ist die 1. Saite im Griffbild oben?
Im Diagramm sehen wir die Saiten so wie auf der Gitarre, wenn wir sie aus der Spielposition heraus vor uns auf den Schoß legen.
Diese Schreibweise hat sich bewährt, denn es stehen die hohen Saiten oben und die tiefen unten.

Die Töne, die wir üben

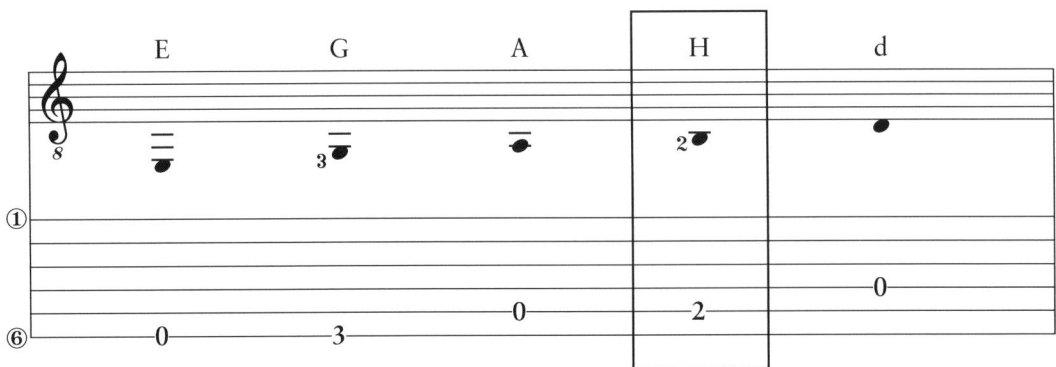

Aufwärts:

Abwärts: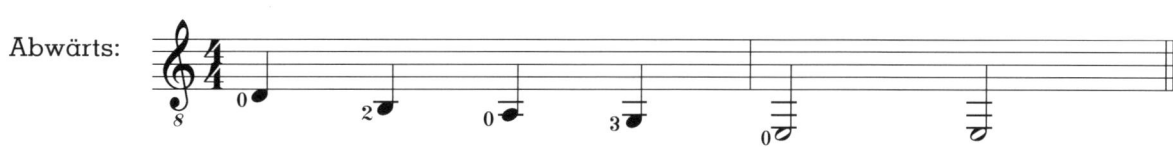

Wir erweitern unsere tägliche Anschlagsform von S. 24 um den neuen Ton:

That's All

J. Kienbaum/H.-W. Huppertz

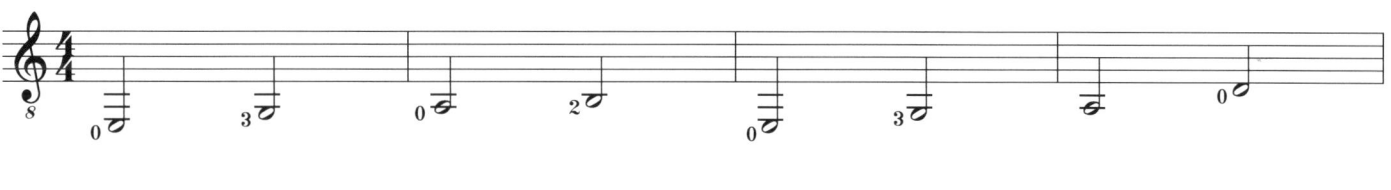

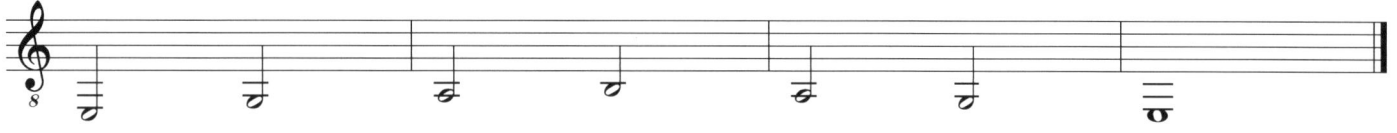

Ganze Note o   Eine ganze Note ist so lang wie vier Viertelnoten: o = ♩♩♩♩

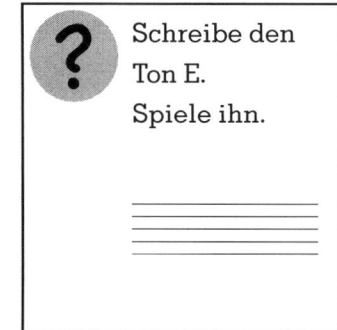

🔘 CD 13 **That's All For Two**

J. Kienbaum/H.-W. Huppertz

🔘 CD 13 00:40   Wir spielen „That's All" auch mit nachschlagenden Akkorden:

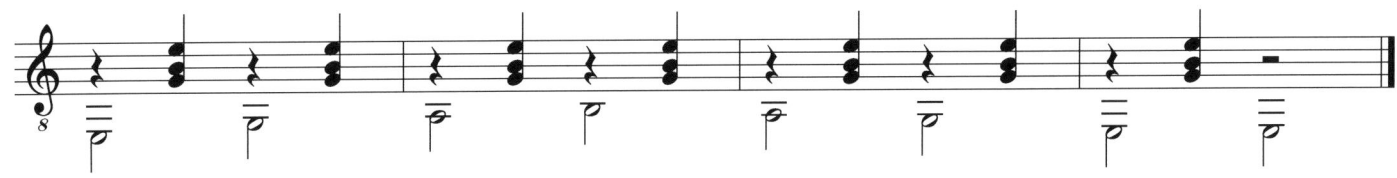

🔘 CD 14 **Rock The H**

J. Kienbaum/H.-W. Huppertz

1   2   3   4   usw.

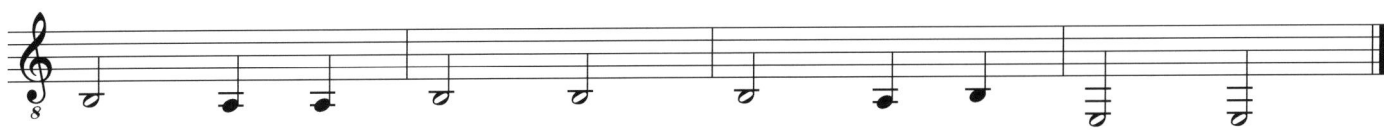

Rock The H With Chords

J. Kienbaum/H.-W. Huppertz

Rock The H With Chords (Solo)

J. Kienbaum/H.-W. Huppertz

 **Your H**

J. Kienbaum/H.-W. Huppertz

Zu Beginn der Übungen bereiten wir den 2. Finger vor, d. h., wir greifen schon das H, wenn wir den ersten Ton (E) spielen.

© 2006 by AMA Musikverlag

Kontrollanschlag

Bevor wir die nächste Variation üben, machen wir noch einmal den Kontrollanschlag von S. 15. Ist die Bewegung immer noch richtig?

Zur Sicherheit lesen wir die Erklärung noch einmal.

CD 15 00:36 **Variation 1**

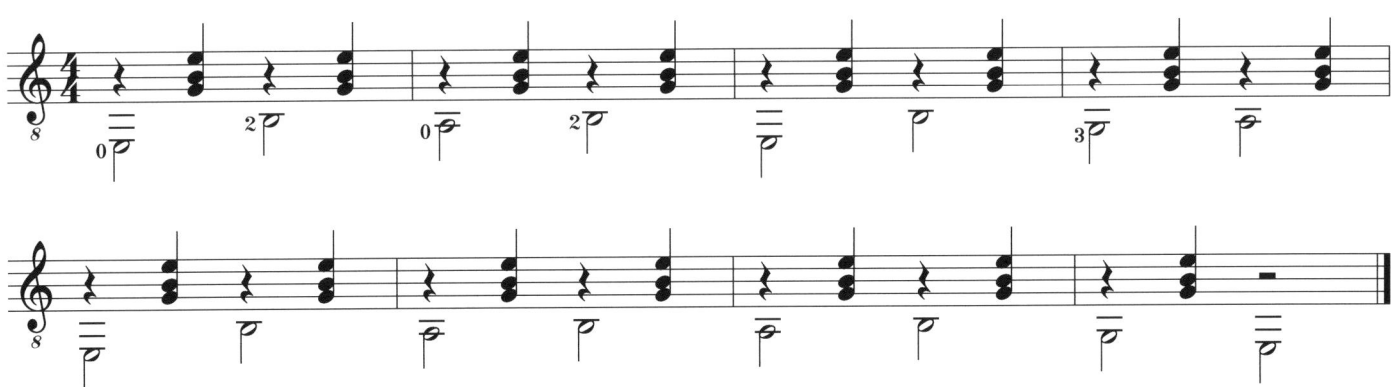

Variation 2

CD 15 01:07 **Variation 3**

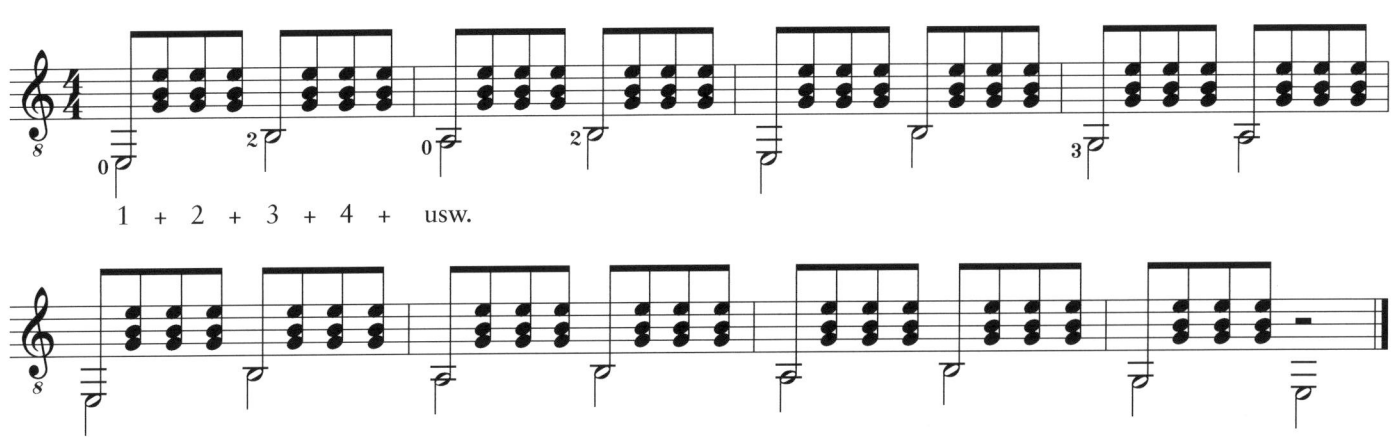

CD 16 Twice As Much

J. Kienbaum/H.-W. Huppertz

- Zur Übung schreiben wir in der Oberstimme die Namen der Töne über die Noten.
- Dieses Lied kann man für ein Vorspiel mit „Rock The H With Chords" kombinieren.
- Achtung! Nicht von der Oberstimme in die Unterstimme „rutschen".

Der Ton e

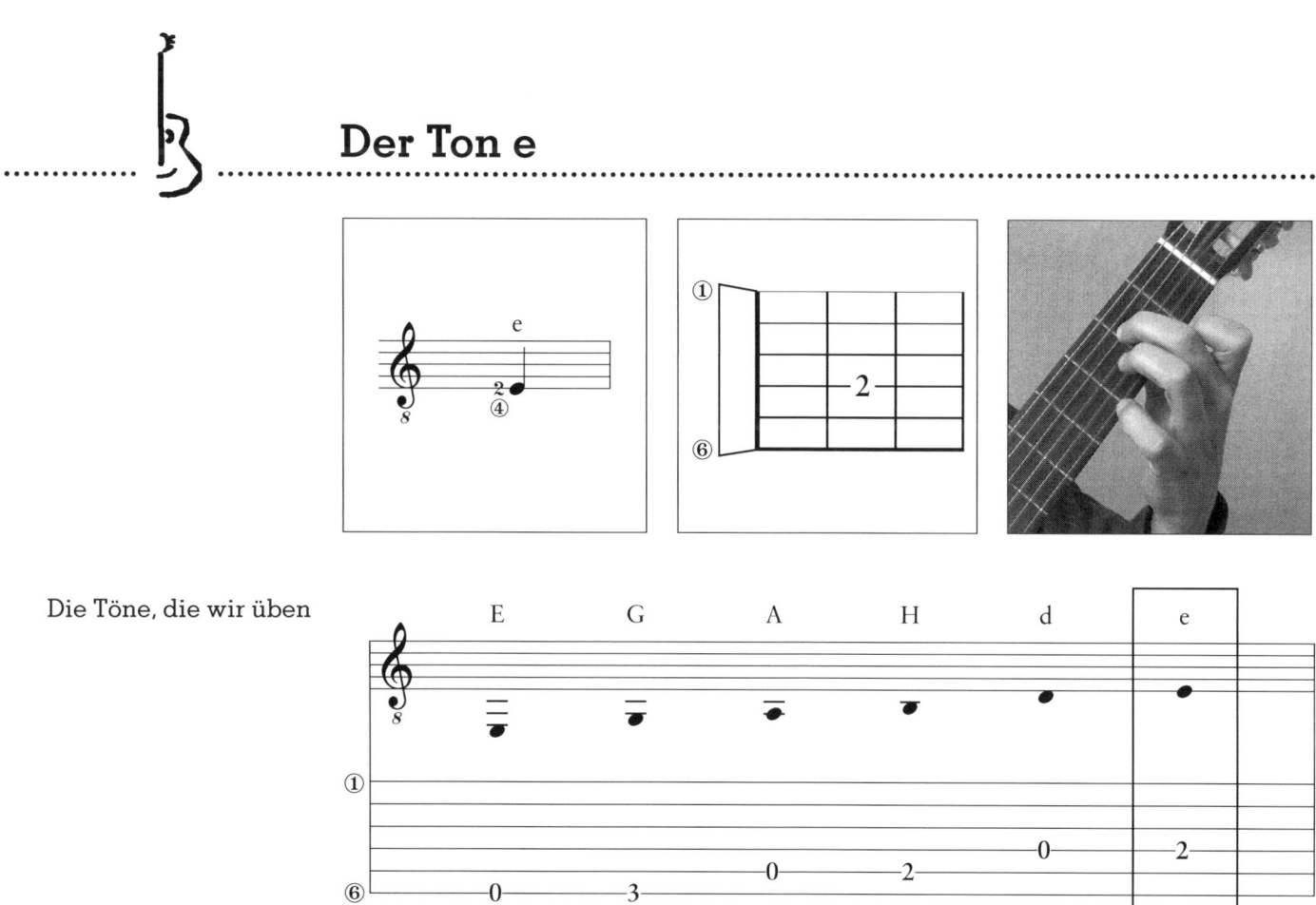

© 2006 by AMA Musikverlag

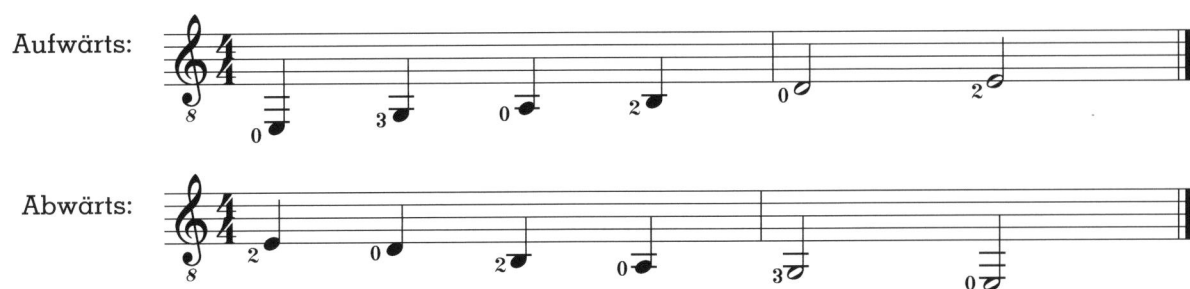

Diese neue tägliche Übung ersetzt natürlich die alte. Der 2. Finger darf beim Greifen des neuen Tons „e" auf der d-Saite nicht die 3. Saite berühren, sonst kann diese Saite nicht klingen. Deswegen setzen wir die Fingerspitze steil auf.

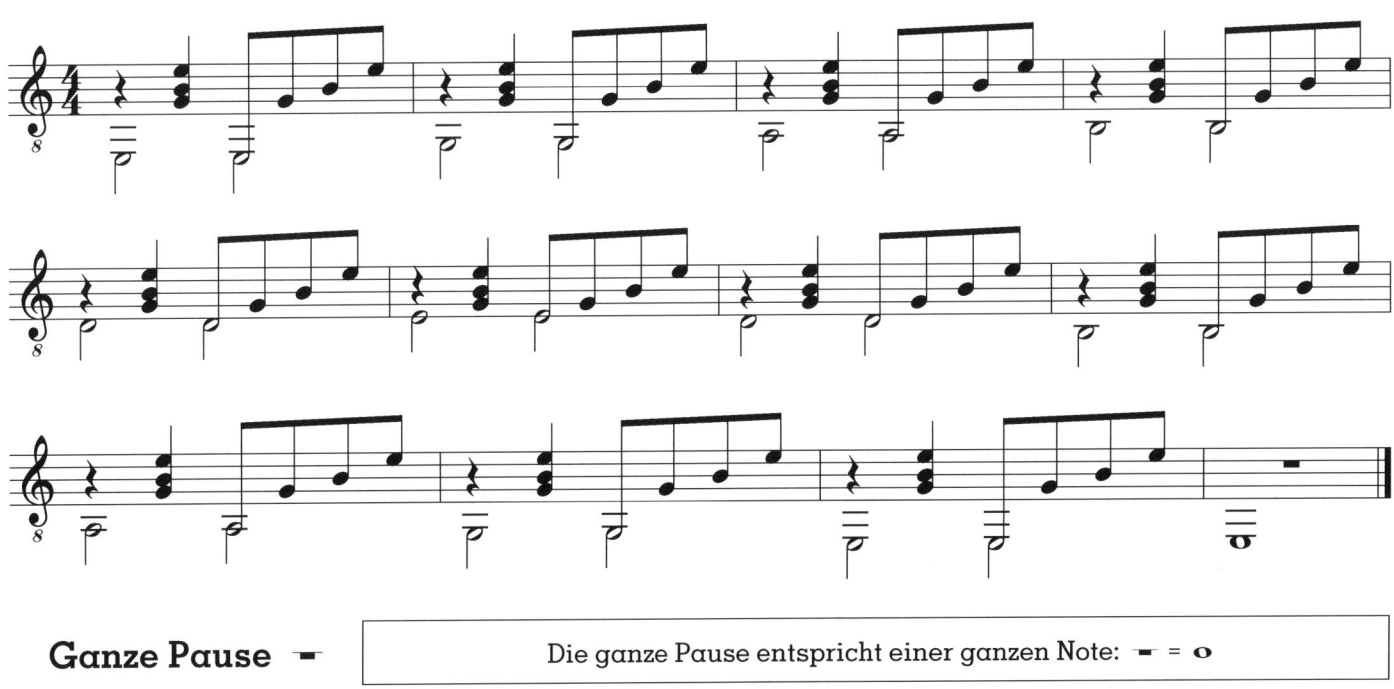

Ganze Pause — Die ganze Pause entspricht einer ganzen Note: — = o

CD 17 The Hidden Sound

J. Kienbaum/H.-W. Huppertz

- Wir spielen die Bassstimme laut, erst dann klingt die Gitarre richtig!

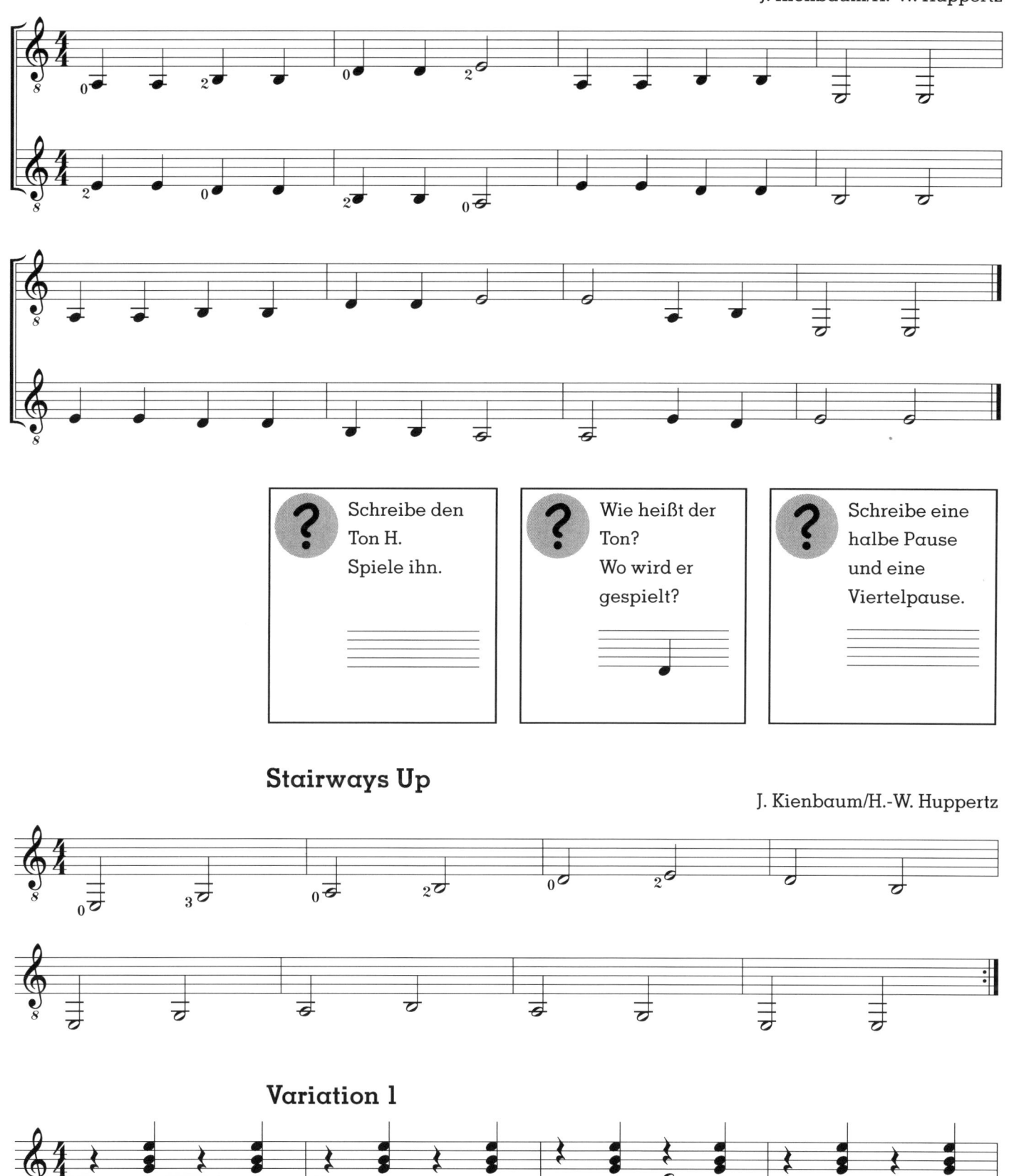

Variation 2

Variation 3

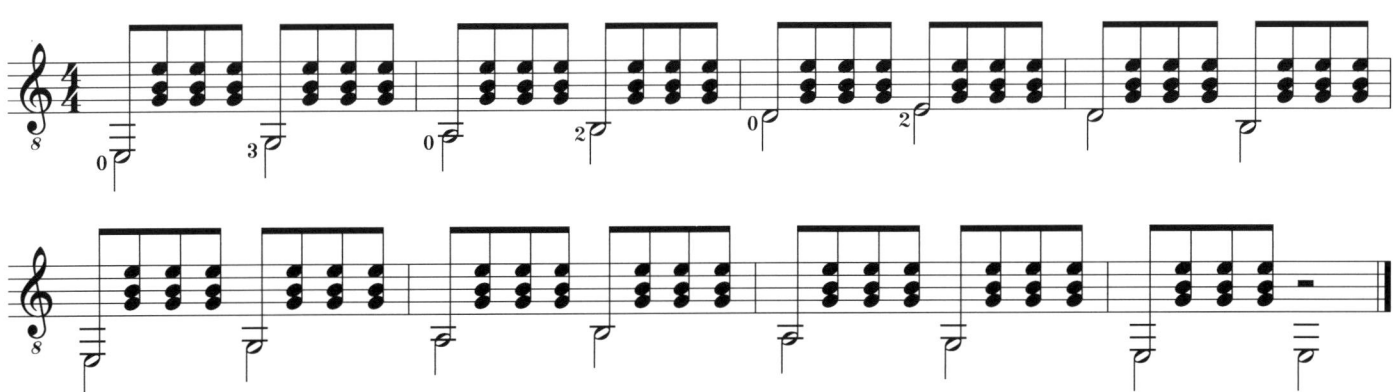

Jetzt variieren wir die letzte Anschlagsform. In der nächsten Vorübung setzen wir auf der zweiten und vierten Zählzeit die Finger der rechten Hand auf die Saiten. Dadurch dämpfen wir sie und erhalten einen interessanten Rhythmus:

Achtelpause ↊   Die Achtelpause entspricht einer Achtelnote: ↊ = ♪

CD 19 Variation 4

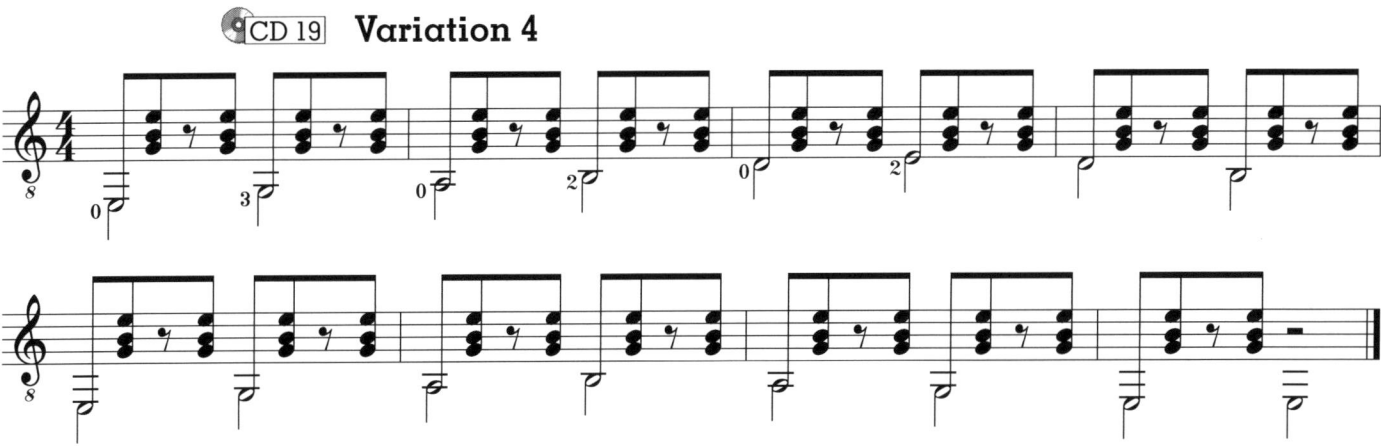

Tägliche Übung 2

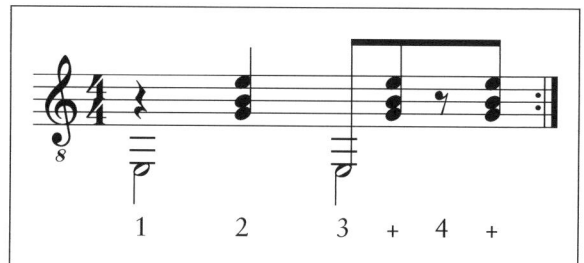

Diese Anschlagsform üben wir wie die tägliche Übung 1 (S. 23) gemeinsam zu Beginn jeder Unterrichtseinheit.

CD 20   Danach spielen wir diese Anschlagsform mit den jeweils bekannten Basstönen. An dieser Stelle sieht diese tägliche Übung dann folgendermaßen aus:

CD 21 **Third H (Part 2)**

J. Kienbaum/H.-W. Huppertz

„Third H (Part 1)" (s. S. 31) und dieses Lied können für ein Vorspiel kombiniert werden.

 **Don't Panic!**

J. Kienbaum/H.-W. Huppertz

Don't Panic! Version 2

J. Kienbaum/H.-W. Huppertz

Wir schreiben die Zählzeiten in beiden Versionen weiter auf.

Jana (12 Jahre) fragt:

Wird die zweite Version nicht schneller gespielt?
Anwort: Das hängt davon ab, wie schnell man zählt.
Hier: Wenn wir bei der ersten Version genauso schnell 1, 2, 3, 4 zählen wie bei der zweiten, dann ist die zweite Version genau doppelt so schnell wie die erste.
Oder: Zählen wir bei der zweiten im halben Tempo vor, klingt das Stück in beiden Versionen gleich. Alles hängt also vom gewählten Tempo ab.

 Schreibe den Ton e. Spiele ihn.

 Wie heißt der Ton? Wo wird er gespielt?

 Schreibe die Töne der Melodiesaiten.

Übeplan

Man macht nur Fortschritte, wenn man regelmäßig übt. Üben ist aber nicht gleich Üben. Wer immer nur das übt, was er schon kann und das Neue und/oder Schwierige meidet, wird sich nicht verbessern. Der folgende Übeplan hilft (s. a. S. 138) beim täglichen Lernen.

	Mo	Di	Mi	Do	Fr	Sa	So
Tägliche Übungen							
Wiederholung							
Schwierige Stelle							
Neues Stück							

Tägliche Übungen — Sie sind sehr wichtig. Wie der Name schon sagt, sollten wir die täglichen Übungen jeden Tag machen. An ihnen können wir unsere Fortschritte in Genauigkeit, Sicherheit, Tempo und Ausdauer direkt feststellen. Sie eignen sich sehr gut zum Einspielen, also zum Übebeginn. Es müssen nicht nur die täglichen Übungen aus der Schule sein. Es können auch eigene oder die des Lehrers sein.
Wichtig ist es, auch die linke Hand täglich zu üben. Anfangs mit der Klopfübung später mit Tonleitern. Wenn wir sie gut gemacht haben, machen wir ein Häkchen in diesem Kästchen. Allerdings dürfen bis dahin ruhig 5 Minuten vergangen sein.

Wiederholung — Das kann ein Stück sein, das wir am Vortag gelernt haben, oder ein Stück, das uns besonders gut gefällt. Durch die Wiederholung verinnerlichen wir es, d. h., wir behalten es im Kopf und in den Fingern.
Auch hier abhaken nach getaner Arbeit.

Schwierige Stelle — Es gibt immer wieder Stellen in unseren Stücken, die nicht so gut klappen. Jetzt ist im Übeablauf die richtige Zeit (die Finger sind warm, die Konzentration ist bestens), eine dieser Stellen zu üben.
Sehr langsam und genau üben, wenn es sein muss an mehreren Tagen.
Nach der Arbeit das Häkchen nicht vergessen.

Neues Stück — Wer stehen bleibt, fällt zurück. Nach dieser Devise üben wir ein neues Stück oder eine Zeile eines neuen Stückes.

Der E-Moll-Akkord

 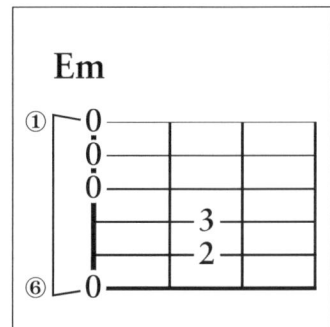

Bei diesem Akkord wird das „e" mit dem 3. Finger gegriffen, weil der 2. Finger ja schon das „H" greift.

Tim (12 Jahre) fragt:

Warum setzen wir die Finger nicht umgekehrt auf? Wenn wir den 1., 2. und 3. Finger und auch einmal umgekehrt den 3., 2. und 1. in den gleichen Bund auf drei verschiedenen Saiten aufsetzen, merken wir, wie schwierig die zweite Griffweise für den Bewegungsapparat der linken Hand ist.

Über den Noten werden die Durakkorde mit einem Großbuchstaben abgekürzt. Mollakkorde werden durch einen Großbuchstaben sowie den Zusatz „m" für Moll (engl.: minor) dargestellt.
Beispiel: E = E-Dur; Em = E-Moll

Das folgende Lied begleiten wir nur mit dem vollständigen E-Moll-Akkord. Wir spielen erstmals mit einem durchgeschlagenen Anschlag.

Das Anschlagen der Saiten

 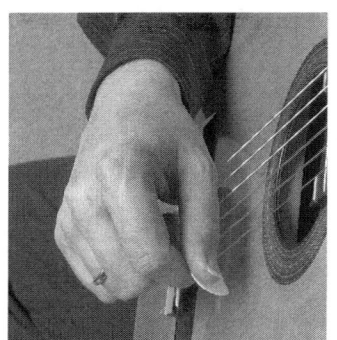
 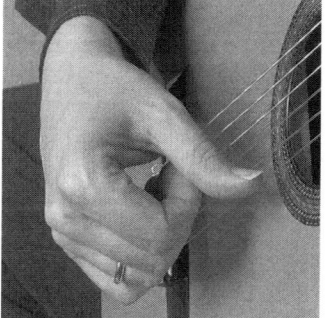

Dabei nehmen wir ein so genanntes Plektrum zwischen Daumen und Zeigefinger oder halten die beiden Finger so, als hätten wir ein Plektrum zwischen ihnen. Alternativ kann man auch nur den Daumen für den Anschlag nehmen.
Mit dem Plektrum, dem Daumen oder Zeigefinger schlagen wir von der tiefen E- bis zur hohen e'-Saite alle Saiten schnell nacheinander an.
Der Anschlag sollte aus einem lockeren Handgelenk heraus erfolgen.

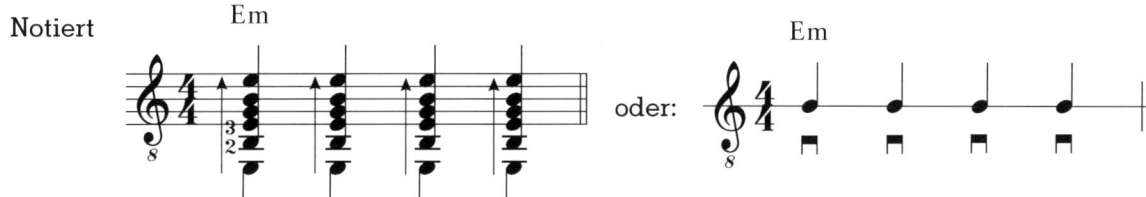

Abschlagszeichen ⊓: Dieses Zeichen findet sich oft in Notenausgaben mit notierter Gitarrenakkordbegleitung und bedeutet, dass man – wie in dem Notenbeispiel gezeigt – von der tiefsten bis zur höchsten Saite hin anschlagen soll.

Aufschlagszeichen V: Natürlich gibt es auch den umgekehrten Anschlag von der höchsten bis zur tiefsten Saite, den Aufschlag. Dafür verwendet man das Aufschlagszeichen V.

CD 23 It's Not Unusual

J. Kienbaum/H.-W. Huppertz

Wir begleiten mit dem durchgeschlagenen vollständigen oder mit dem gezupften unvollständigen Em-Akkord:

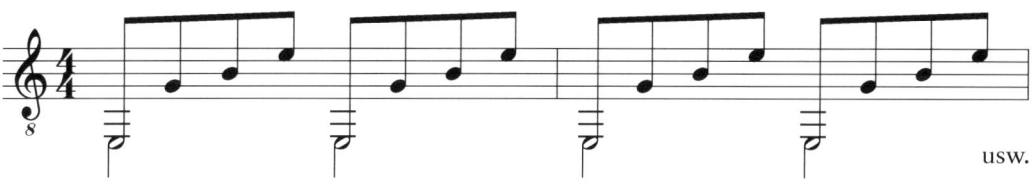

CD 23 00:38 It's Not Unusual (Solo)

J. Kienbaum/H.-W. Huppertz

© 2006 by AMA Musikverlag

Sulhi (11 Jahre) fragt:

Warum zeigen bei „It's Not Unusual (Solo)" die Notenhälse nach unten?
Diese Version ist zweistimmig. Deshalb zeigen die Hälse der Melodie, die hier zur Unterstimme geworden ist, nach unten. Die Akkorde bilden mit den Pausen zusammen die Oberstimme, deshalb zeigen ihre Notenhälse nach oben.

CD 24 **The Soundtracker**

J. Kienbaum/H.-W. Huppertz

Aufgabe: Schreib die Namen der Noten über die Oberstimme.

Der Ton c

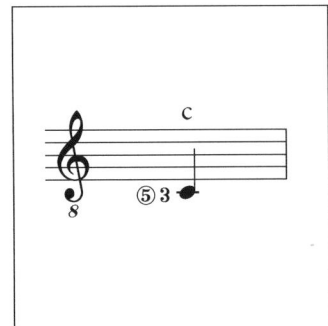
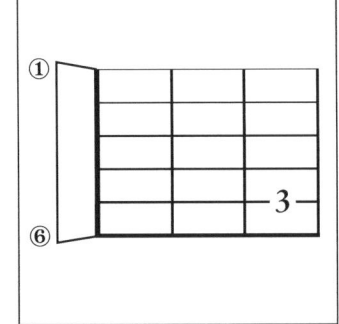
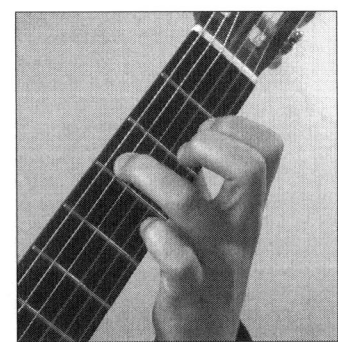

Hier haben wir zunächst die „schwierigen" Stellen von „Morgen kommt der Weihnachtsmann" vorangestellt. Diese üben wir, bis wir sie sicher und gut spielen können. Dann erst wenden wir uns dem ganzen Stück zu.

Diese Arbeitsmethode kann man auf alle neuen Stücke anwenden, denn meist gibt es nur ein paar „Klippen", die man meistern muss; beherrscht man diese, beherrscht man das ganze Stück. Immer beim Anfang eines Stückes zu beginnen, wenn lediglich eine Stelle am Schluss nicht klappt, dauert viel zu lange und man verliert schnell die Lust, weil man sich schon „überhört" hat an der Musik.

Morgen kommt der Weihnachtsmann

Text: H. H. von Fallersleben/Musik: Trad.

Die Akkorde über den Noten kennen wir noch nicht. Deshalb spielen wir sie erst später. In diesem Lied, wie auch in einigen der folgenden Lieder, können sie vom Lehrer oder einem fortgeschrittenen Schüler als Begleitung gespielt werden.

Taktzahlen Im letzten Lied stehen erstmals Taktzahlen. Man kann in langen Stücken durch Taktzahlen besser die Übersicht behalten und sich mit ihrer Hilfe schneller beim Einsteigen mitten im Stück zusammenfinden.

Taktzahlen stehen äußerst selten zu Beginn eines jeden Taktes. Häufig finden wir sie, wie in diesem Buch, zu Beginn einer jeden Zeile, wobei man mit der 2. Akkolade beginnt. Gebräuchlich ist auch eine Nummerierung in Fünferschritten (z. B.: Takt 5, 10, 15 usw.).

CD 25 Auf der Mauer, auf der Lauer

Trad.

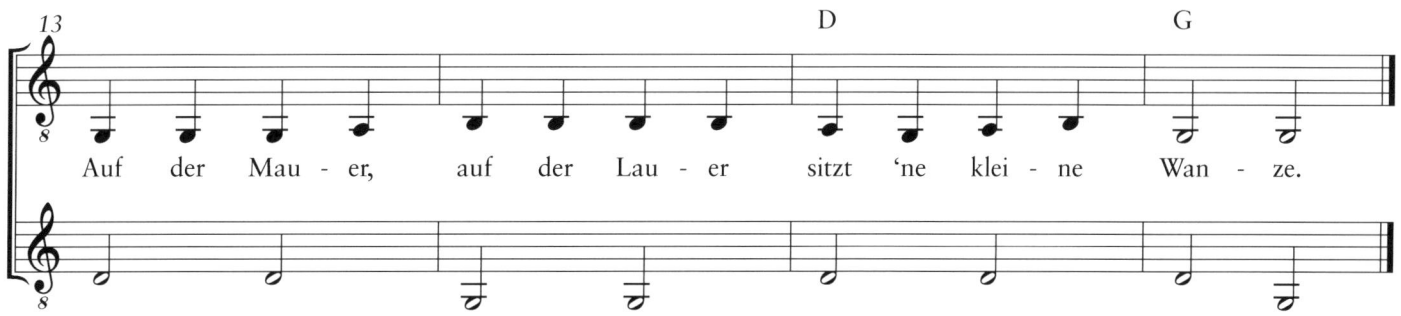

Think Twice

J. Kienbaum/H.-W. Huppertz

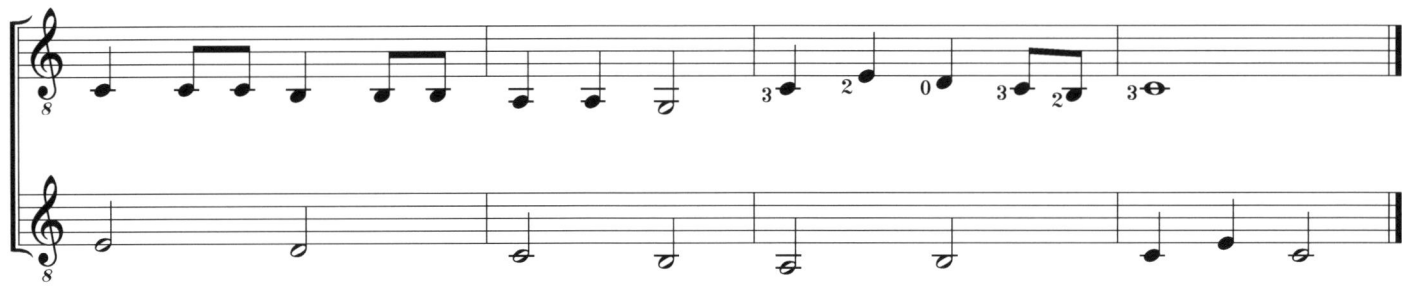

Fritz (12 Jahre) fragt:

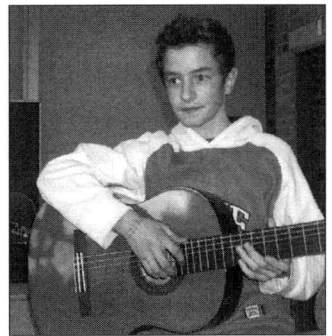

Warum zählt man in diesem Lied nicht 1 + 2 + 3 + 4 +? Das Grundmetrum für das Stück sind die Viertelnoten. Wir zählen 1 2 3 4. Wenn wir aber immer 1+ 2+ 3+ 4+ zählen, zählen wir nicht in Vierteln, sondern in Achteln, wodurch das Stück einen ganz anderen Charakter bekommt. Wir erinnern uns an die Schwerpunkte! Das „und" bleibt die Zählhilfe für die Achtelnoten, damit wir zu jeder Note, die wir spielen, eine Silbe sprechen können.

Bruder Jakob (Kanon)

Trad.

Bru - der Ja - kob, Bru - der Ja - kob, schläfst du noch, schläfst du noch?

Hörst du nicht die Glo - cken, hörst du nicht die Glo - cken? Ding, dang, dong, ding, dang, dong.

Wir probieren die folgenden drei Begleitungen zu dem Lied:

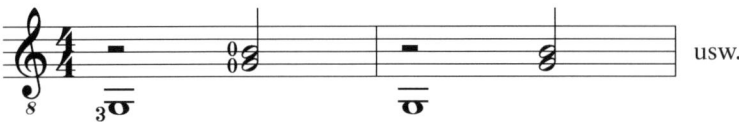

usw.

Welche Begleitung passt am besten zum Stück?

CD 27 Now Or Never

J. Kienbaum/H.-W. Huppertz

CD 28 The Answer Is Fourty-Two

J. Kienbaum/H.-W. Huppertz

„Don't Panic" (S. 34) und dieses Lied lassen sich gut nacheinander spielen.

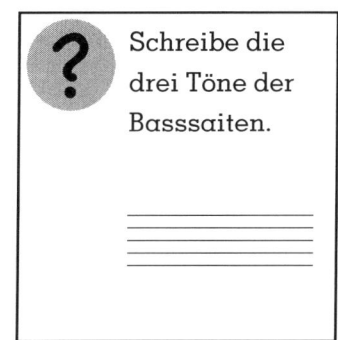

Schreibe die drei Töne der Basssaiten.

Wie heißt der Ton?
Wo wird er gespielt?

Wie werden die Finger der rechten Hand bezeichnet?
= Ringfinger
= Mittelfinger
= Zeigefinger
= Daumen

Der Ton a

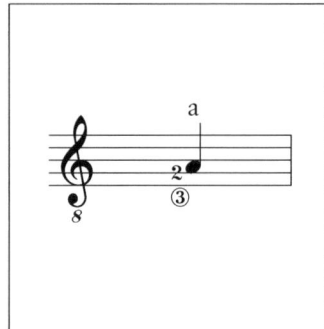
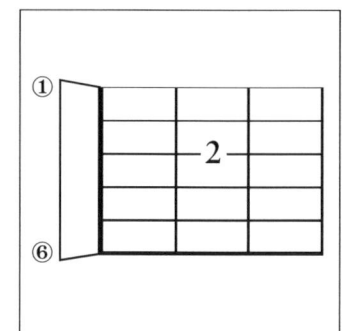

Die Töne, die wir üben

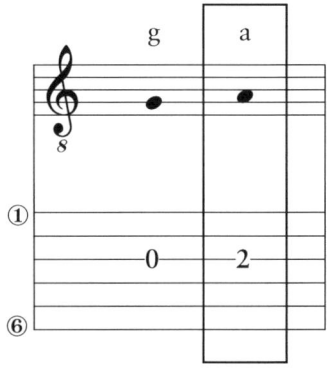

Für das nächste Stück üben wir zunächst einzelne Takte:

Anschlagsform:

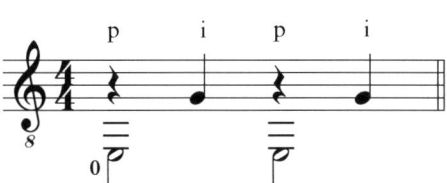

Takt 1:

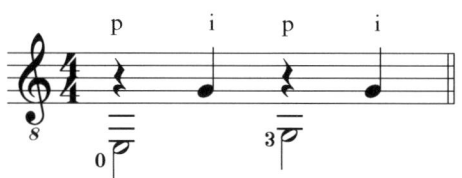

Takt 2:

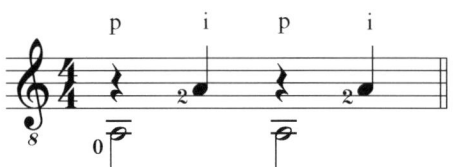

Takt 5:

CD 29 **Try It Once More**

J. Kienbaum/H.-W. Huppertz

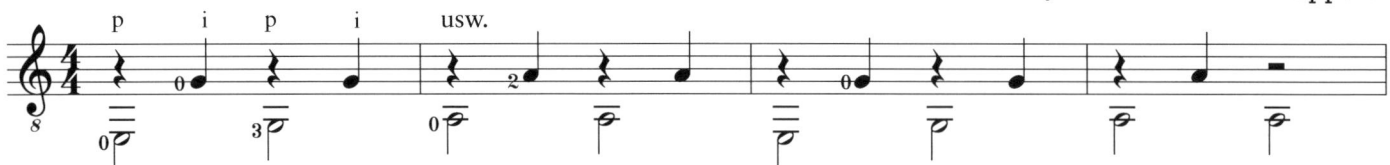

Auf der Mauer, auf der Lauer (mit neuer Begleitung)

Trad.

Auf der Mau-er, auf der Lau-er sitzt 'ne klei-ne Wan-ze.
p i p i p i p i p i p i usw.

Auf der Mau-er, auf der Lau-er sitzt 'ne klei-ne Wan-ze.

Schaut euch mal die Wan-ze an, wie die Wan-ze tan-zen kann.

Auf der Mau-er, auf der Lau-er sitzt 'ne klei-ne Wan-ze.

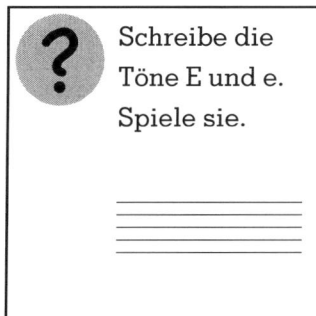

Schreibe die Töne E und e. Spiele sie.

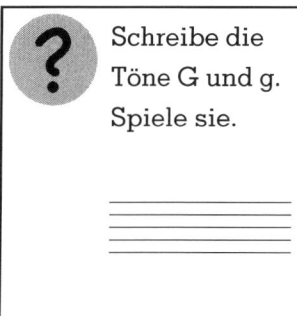

Schreibe die Töne G und g. Spiele sie.

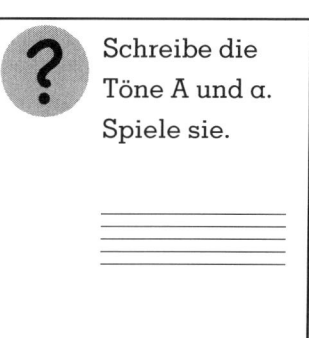

Schreibe die Töne A und a. Spiele sie.

CD 30 **Jingle Bells**

Trad.

In diesem Lied spielen wir die erste Klammer und wiederholen dann von vorn, diesmal mit der 2. Klammer als Schluss. Die erste Klammer wird bei der Wiederholung übersprungen.

Das nächste Stück ist schon eine kleine Herausforderung. Wir können es auch erst mal überspringen.

Die Töne, die wir üben

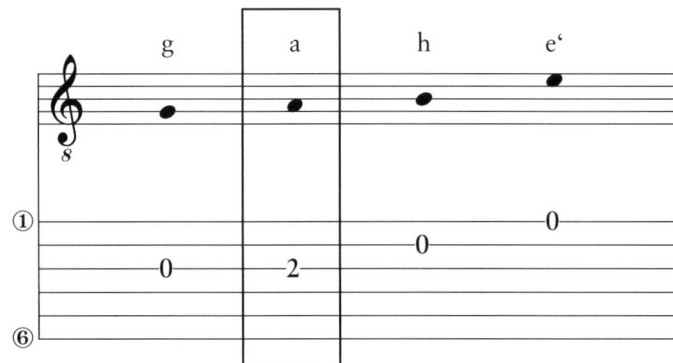

Vorübung

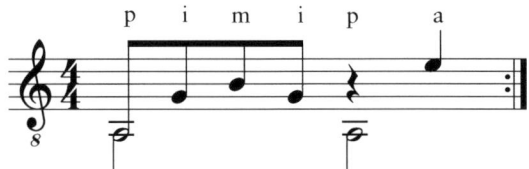

Wir spielen diese Vorübung mehrmals, danach nur den 1. Takt des nächsten Liedes, bis wir ihn locker schaffen.

46 © 2006 by AMA Musikverlag

CD 31 **The Third Chance**

J. Kienbaum/H.-W. Huppertz

Der Ton c'

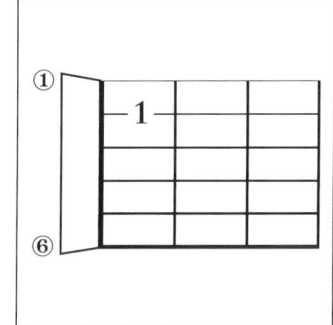

Die Töne, die wir üben

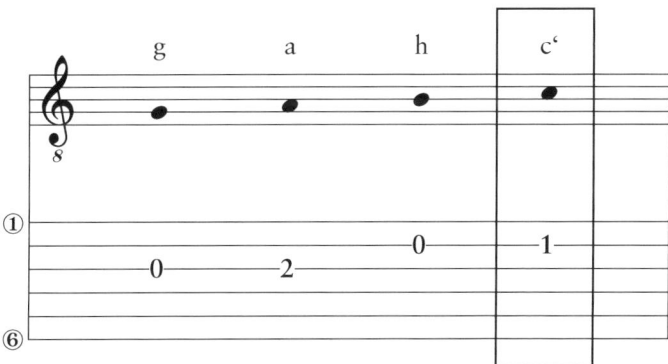

Vorübung

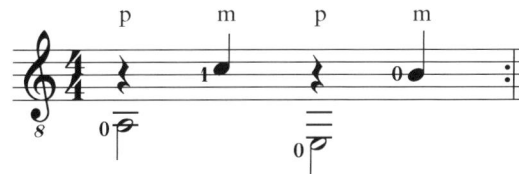

© 2006 by AMA Musikverlag

Time To Play (Part A)

Die Akkorde spielen wir erst später, wenn A-Moll bekannt ist.

Vorübung

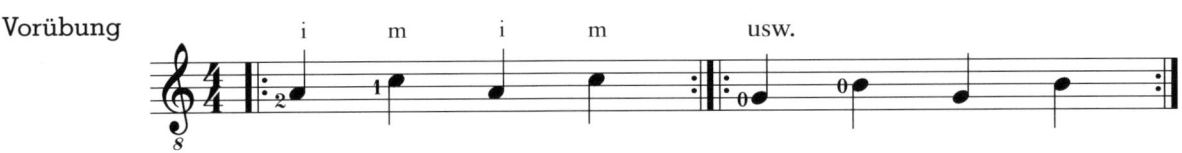

Der zweite und erste Finger der linken Hand greifen und heben zusammen.

Time To Play (Part B) (Akkorde erst später)

J. Kienbaum/H.-W. Huppertz

Der Daumen der rechten Hand bleibt auf der A-Saite aufgestützt.

Der A-Moll-Akkord

 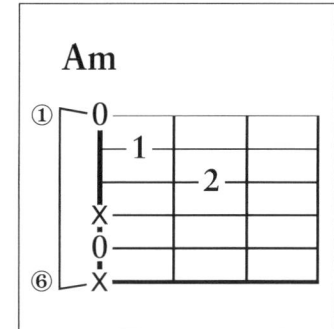

Die im Griffdiagramm mit x bezeichneten Saiten werden beim Akkordanschlag nicht mit angeschlagen!

Wechsel Am – Em

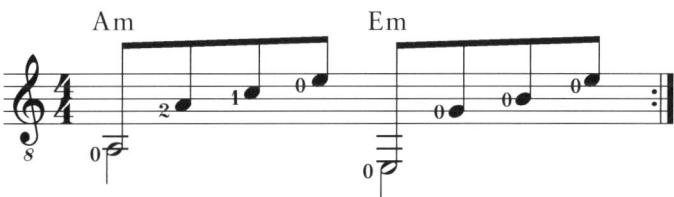

CD 33 **He ho, spann den Wagen an**

Trad.

He ho, spann den Wa-gen an, denn der Wind treibt Re-gen ü-bers Land. Hol die gold-nen Gar - ben, hol die gold-nen Gar - ben.

© 2006 by AMA Musikverlag

Wir probieren auch die nächsten beiden Anschlagsformen für eine Begleitung aus:

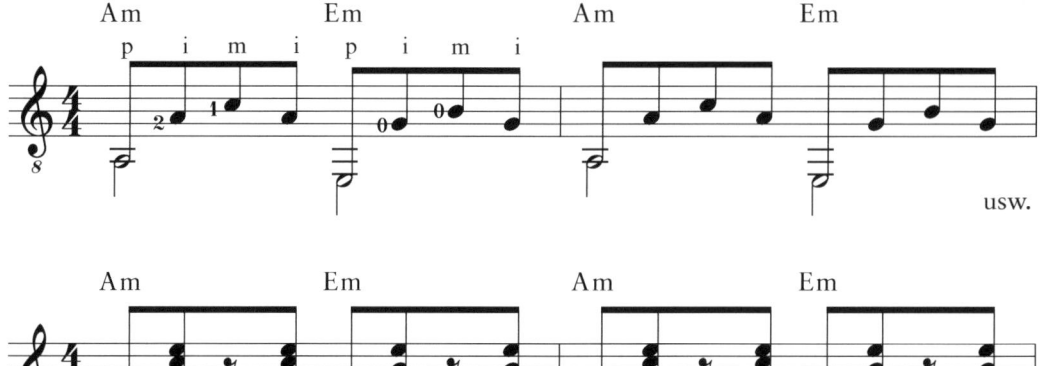

usw.

usw.

Für eine geschlagene Begleitung brauchen wir die vollständigen A-Moll- und E-Moll-Griffe. Wir unterscheiden also je nach Anschlagsform zwischen den vollständigen und unvollständigen Akkorden:

Am

 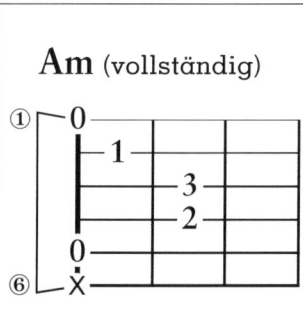 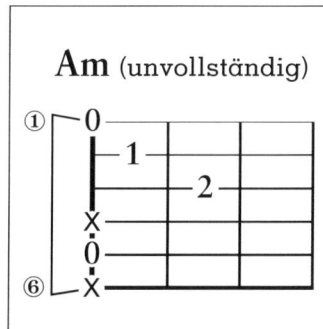

Em

 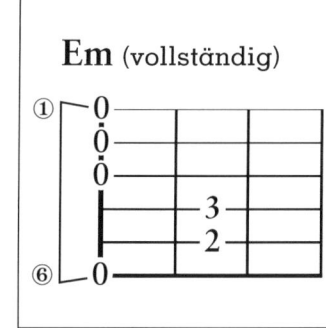 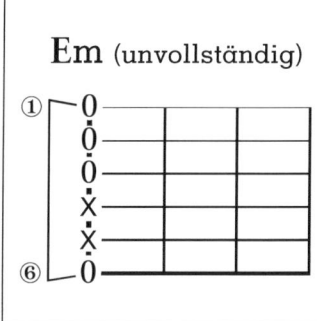

Neue Begleitung zu „He ho":

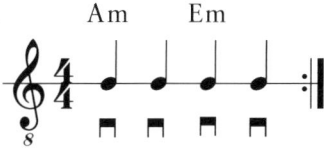

Jannik (12 Jahre) fragt:

Woher wissen wir, ob wir den vollständigen oder unvollständigen Akkord greifen müssen?

Wir greifen die vollständige Form eines Akkordes nur, wenn es wirklich nötig ist. Wird die 4. bzw. 5. Saite nicht gebraucht, greifen wir jeweils die unvollständige Form.

© 2006 by AMA Musikverlag

CD 34 Birker Reggae

J. Kienbaum

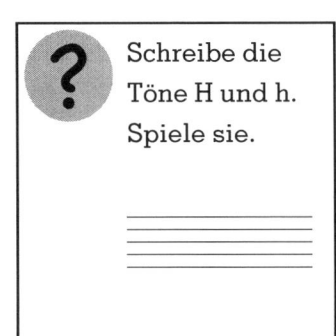
Schreibe die Töne H und h.
Spiele sie.

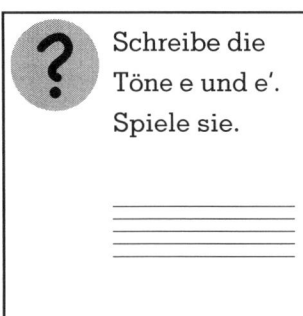
Schreibe die Töne e und e'.
Spiele sie.

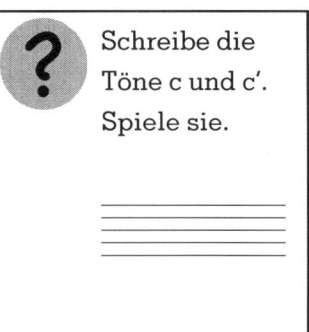
Schreibe die Töne c und c'.
Spiele sie.

© 2006 by AMA Musikverlag

Der C-Dur-Akkord

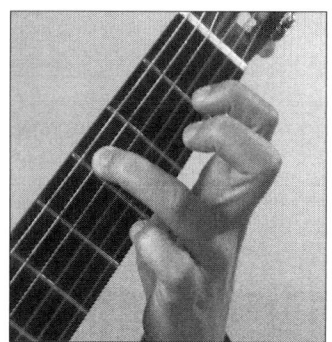
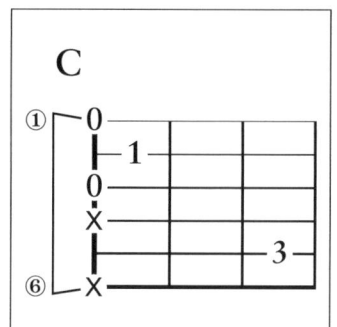

Wechsel C-Dur – A-Moll

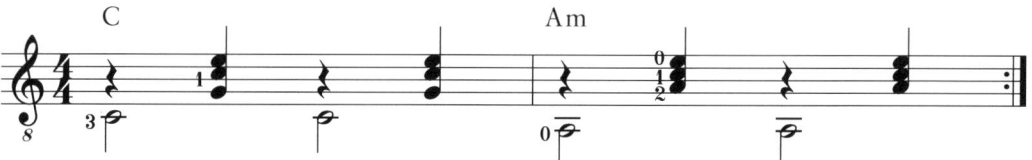

Der erste Finger bleibt während der ganzen Übung liegen. Der 3. und der 2. Finger wechseln sich ab.

Adrian (12 Jahre) fragt:

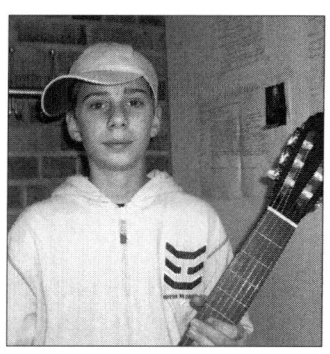

Bei mir klingen die Akkorde nicht richtig. Woran liegt das?

Dafür ist oft ein unsauberes Greifen der linken Hand verantwortlich.

Um das herauszufinden, greifen wir den Akkord und spielen alle Töne langsam nacheinander. Jetzt hören und sehen wir, woran es liegt: Greifen die Finger nah oder weit entfernt vom Bundstäbchen? Dämpft ein Finger eine Nachbarsaite, die klingen soll?

CD 35 Three Chords

J. Kienbaum/H.-W. Huppertz

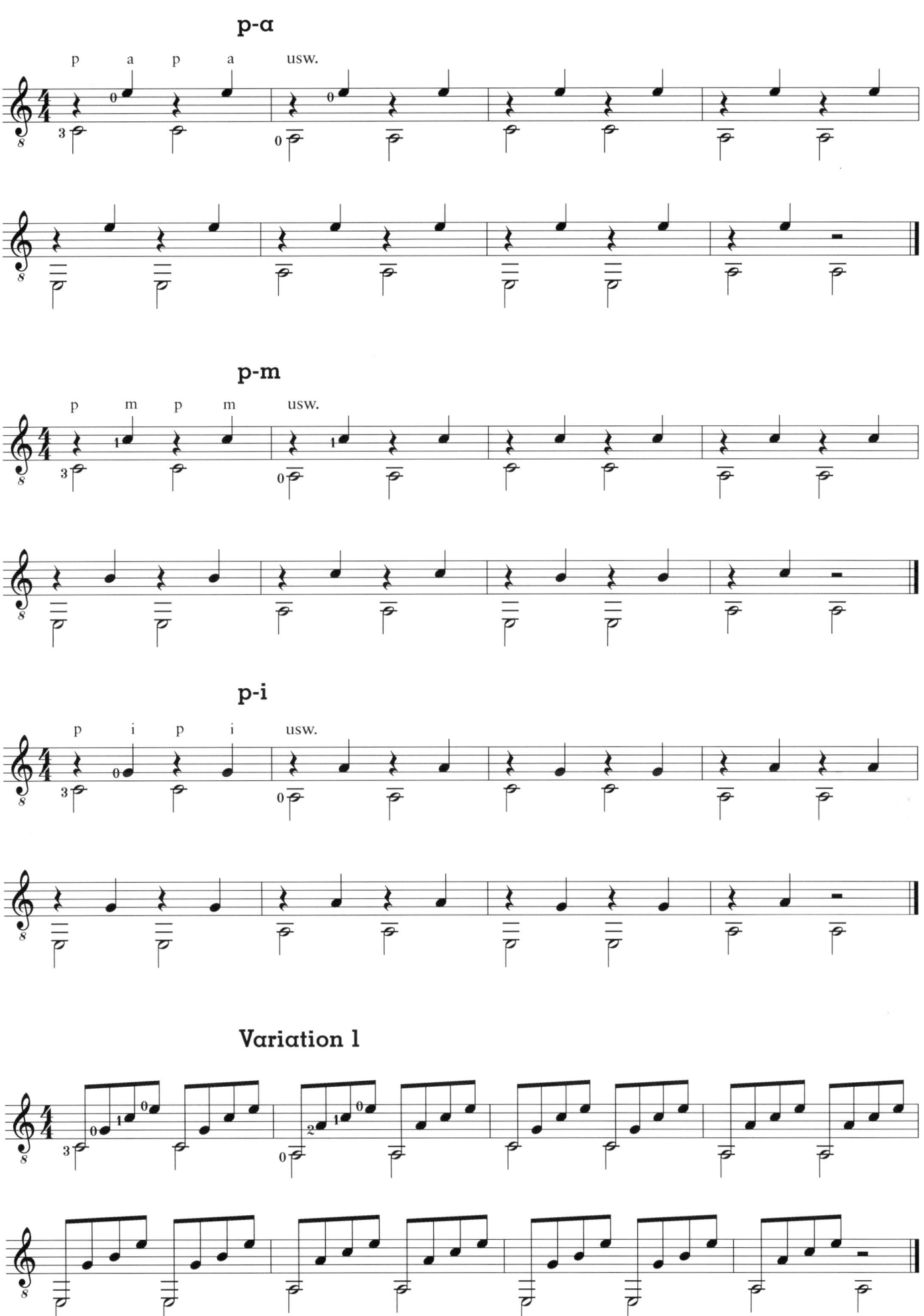

Variation 2

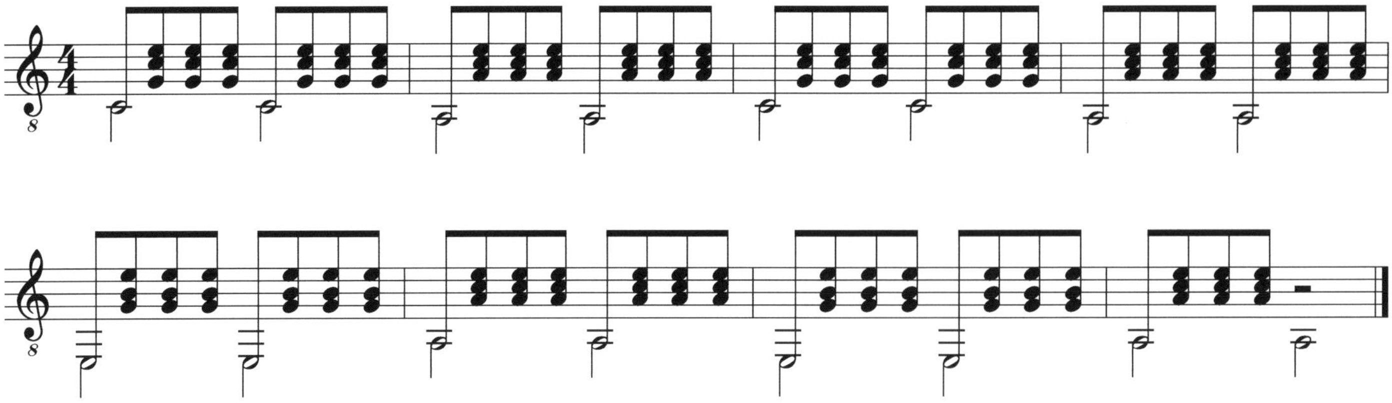

Variation 3

Variation 4

| ? Schreibe c und c'. Spiele sie. | ? Wie heißt der Ton? Wo wird er gespielt? | ? Welchen Akkord ergeben die Töne? |

🎵 CD 36 A Clean Sweep

J. Kienbaum

Wenn wir die Begleitung erarbeiten, spielen wir zuerst mehrmals nur Takt 1. Und danach Takt 1 und 2 zusammen.

C-Dur (vollständig)

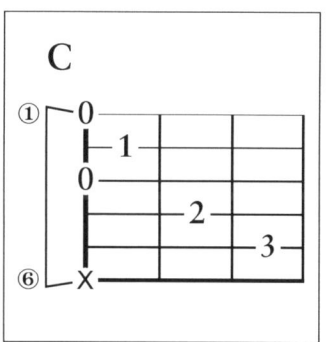

Beim Wechsel zwischen C-Dur und A-Moll bewegt sich nur der 3. Finger.

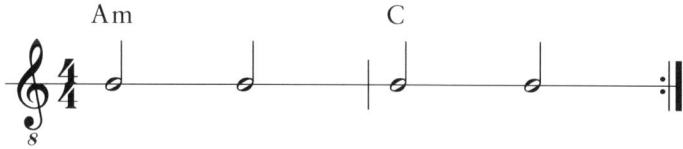

> Gemeinsame Finger von Akkorden bleiben beim Akkordwechsel liegen.

Die geschlagene Begleitung für „A Clean Sweep":

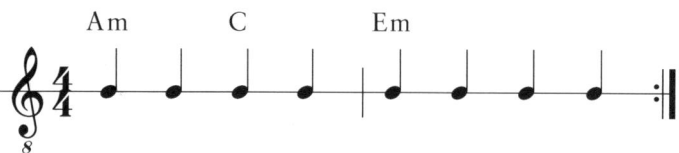

Für das nächste Stück üben wir Takt 1 und 2 jeweils einzeln und danach zusammen:

Takt 1:

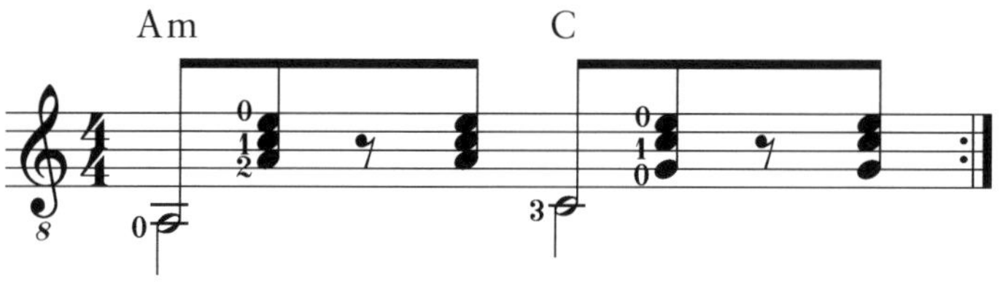

Takt 2:

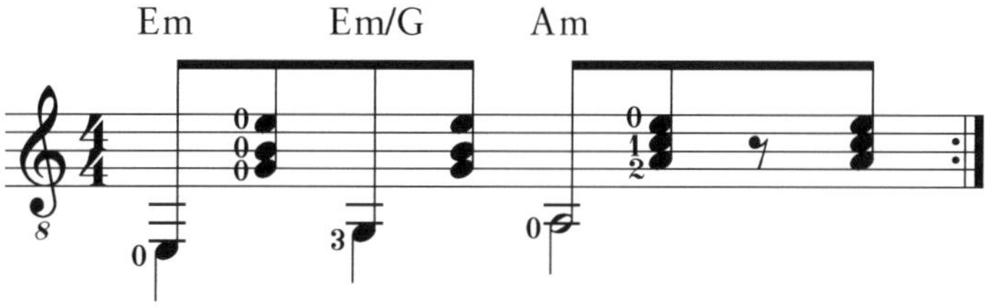

Em/G ist ein E-Moll-Akkord mit dem Ton G als Basston, kurz Em über G.

Takt 1 & 2:

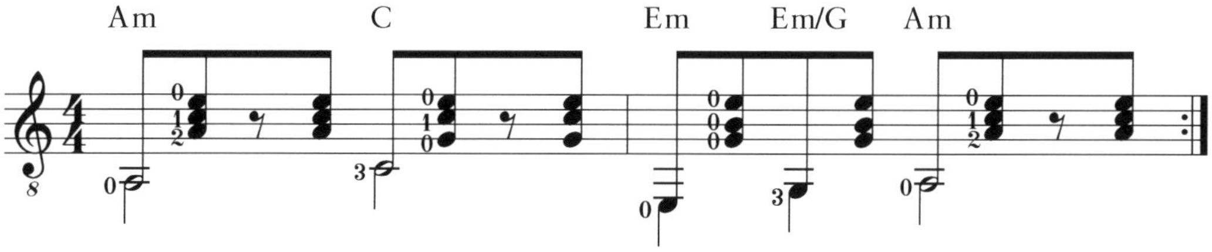

CD 37 **Straight Forward**

J. Kienbaum

Fine

D.C. al Fine

Fine = Schluss

D.C. al Fine (Da Capo) = Noch einmal von vorne bis zum „Schluss" (*Fine*) spielen.

Schreibe A und a. Spiele sie.

Schreibe H und h. Spiele sie.

Trage den vollständigen Em-Akkord ein.

© 2006 by AMA Musikverlag

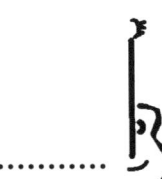

Der Ton f' und G7/D

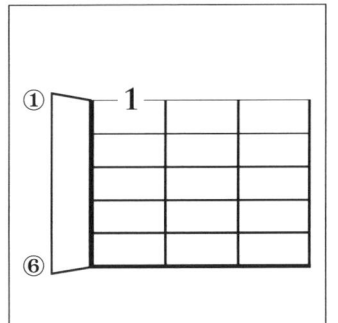

G7 mit D im Bass

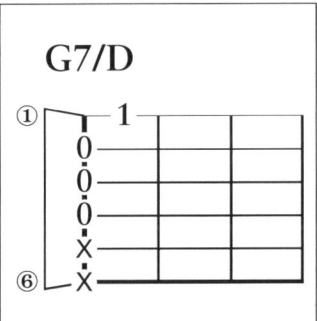

CD 38   The First Line

J. Kienbaum/H.-W. Huppertz

CD 38 00:33   Variation

Merrily We Roll Along

Trad.

* Der Daumen schlägt hier auch die 3. Saite an.

In diesem Stück, und immer wenn der Daumen auch die dritte Saite anschlägt, platzieren wir die Finger a, m, i auf der ersten Saite.

Der G7-Akkord

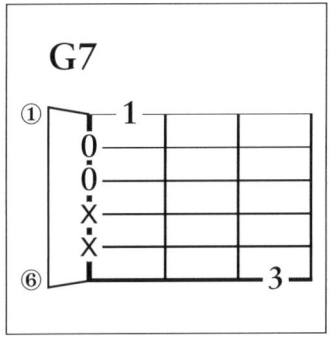

C-Dur vs. G7

> Beim Wechsel von C-Dur nach G7 und zurück bewegen wir zuerst den 3. Finger und schlagen den Basston G mit dem Daumen an. Dadurch gewinnen wir so viel Zeit, dass wir in Ruhe den ersten Finger auf die andere Saite setzen können.

Lasst uns froh und munter sein

Trad.

Lasst uns froh und mun - ter sein und uns in dem Herrn er - freu'n. Lus - tig, lus - tig tra - la - la - la - la, bald ist Ni - ko - laus - a - bend da, bald ist Ni - ko - laus - a - bend da.

Der Schlussakkord hier soll von Daumen und den Fingern a, m, i gleichzeitig angeschlagen werden. Dieser Simultan-Anschlag unterscheidet sich nicht vom nachschlagenden Anschlag. Die Finger bewegen sich in Richtung imaginärer Linie im Handteller und der Daumen in Richtung Zeigefingerseite (X-Stellung, kein Berührungsverbot). Wir können diesen Anschlag zunächst an Leersaiten üben, sollte er noch etwas Schwierigkeiten bereiten, kann er, wie die Klammer andeutet, zunächst durch den einfachen Basston ersetzt werden.

Punktierte Noten

Der Punkt nach einer Note verlängert die Note um die Hälfte ihres Wertes:
- So ergibt sich aus 𝅗𝅥 = 𝅘𝅥 + 𝅘𝅥
- Die Hälfte von 𝅘𝅥 ist 𝅘𝅥𝅮
- Deshalb 𝅘𝅥. = 𝅘𝅥 + 𝅘𝅥𝅮 + 𝅘𝅥𝅮

CD 39 In einem 3/4-Takt zählen wir drei Schläge mit der Betonung auf dem ersten Schlag.

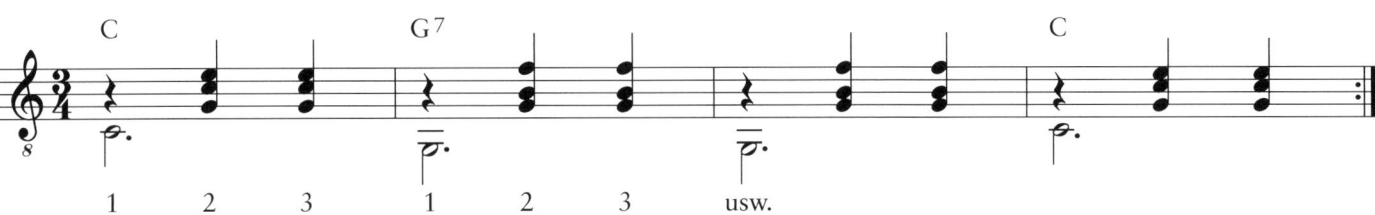

1 2 3 1 2 3 usw.

Bei dieser Vorübung verändern wir die Anschlagsform und erhalten eine Begleitung für das folgende Lied:

Auftakt

Das nächste Lied beginnt mit einem Auftakt. Ein Auftakt ist ein unvollständiger Takt zu Beginn eines Stückes, der zusammen mit dem letzten Takt wieder einen kompletten Takt ergibt. Betont wird nicht die Note des Auftaktes, sondern der erste Ton im neuen Takt.

CD 40 Ich geh' mit meiner Laterne

Trad.

Haltebogen

Ein „Haltebogen" zwischen zwei gleichen Tönen verlängert die erste Note um den Wert der zweiten. Sie werden zu einer Note. Deswegen wird die zweite Note nicht noch einmal angeschlagen.

C-Dur/G im Bass

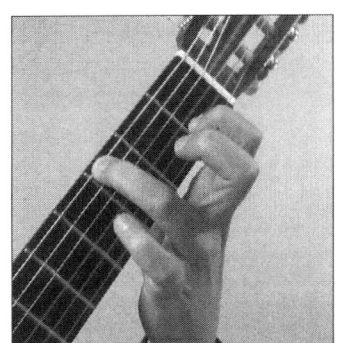
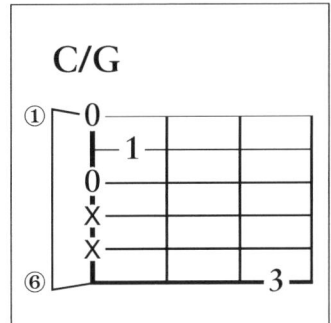

Der 1. Finger bleibt in beiden Vorübungen entsprechend liegen.

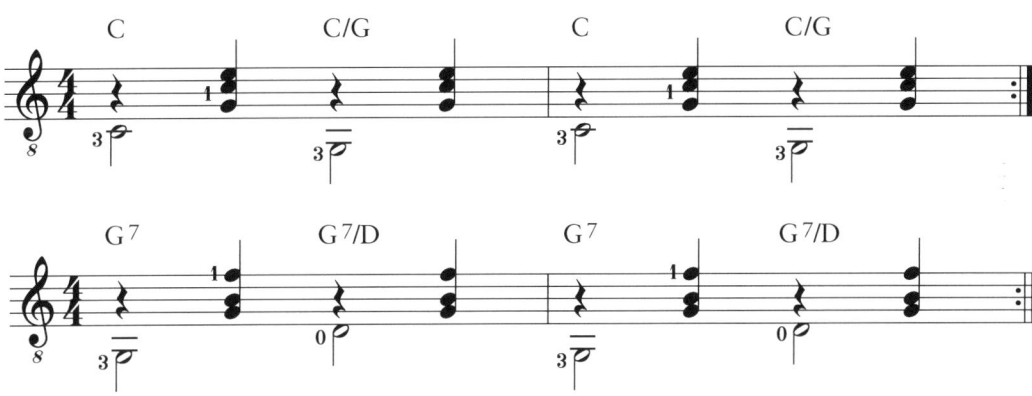

CD 41 Walk The Line

J. Kienbaum

| Schreibe H und h. Spiele sie. | Wie heißt der Ton? Wo wird er gespielt? | Trage den vollständigen Am-Akkord ein. |

Der Ton f

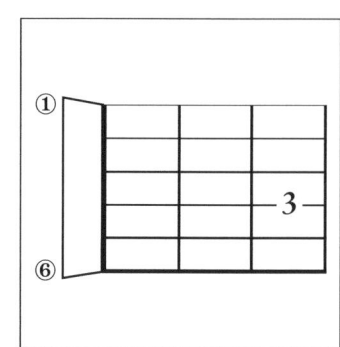
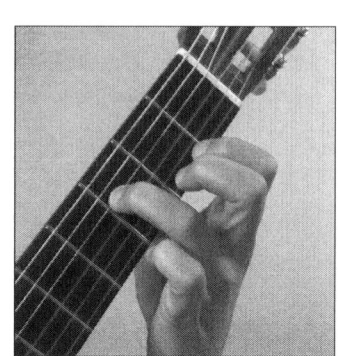

CD 42 **The Point**

J. Kienbaum/H.-W. Huppertz

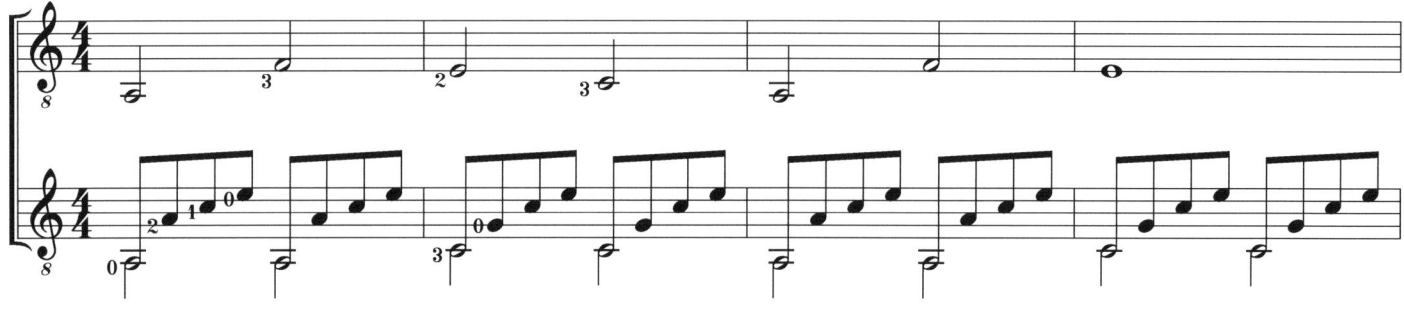

CD 42 Wir begleiten danach auch mit geschlagenen Akkorden:

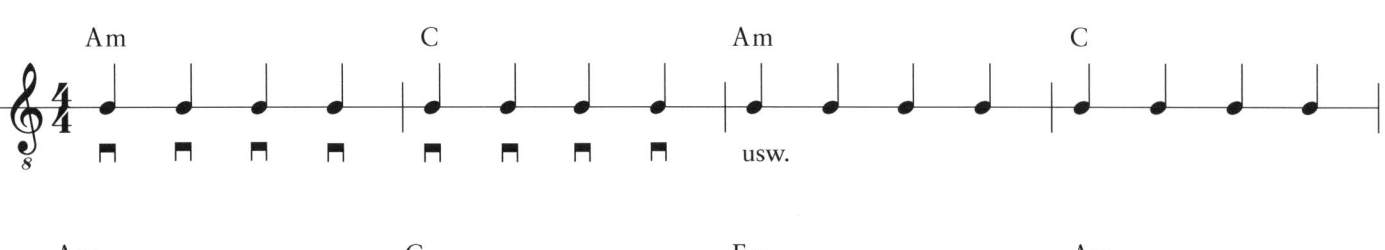

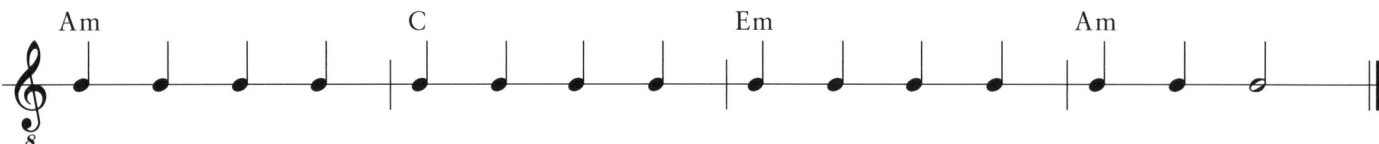

Die ersten beiden Takte der Variation 1 üben wir einzeln. Dabei bleiben der 1. und 2. bzw. der 1. Finger der linken Hand liegen:

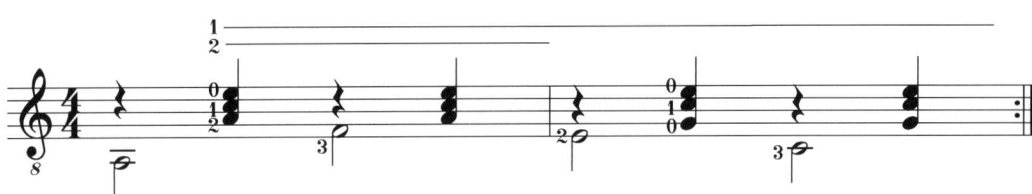

Variation 1

Der erste Finger bleibt wie auch in Variation 2 und 3 vom Anfang bis zum vorletzten Takt liegen.

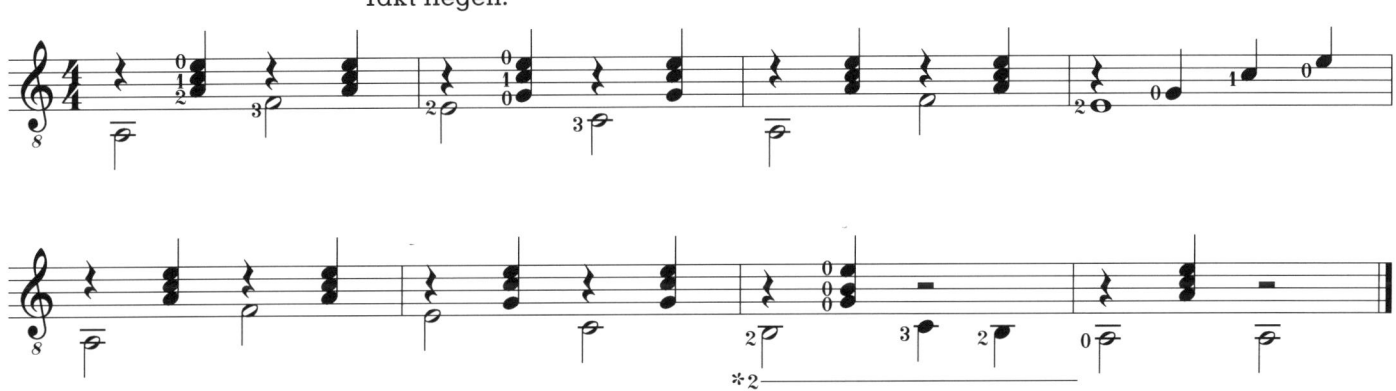

* 2. Finger liegen lassen.

Variation 2

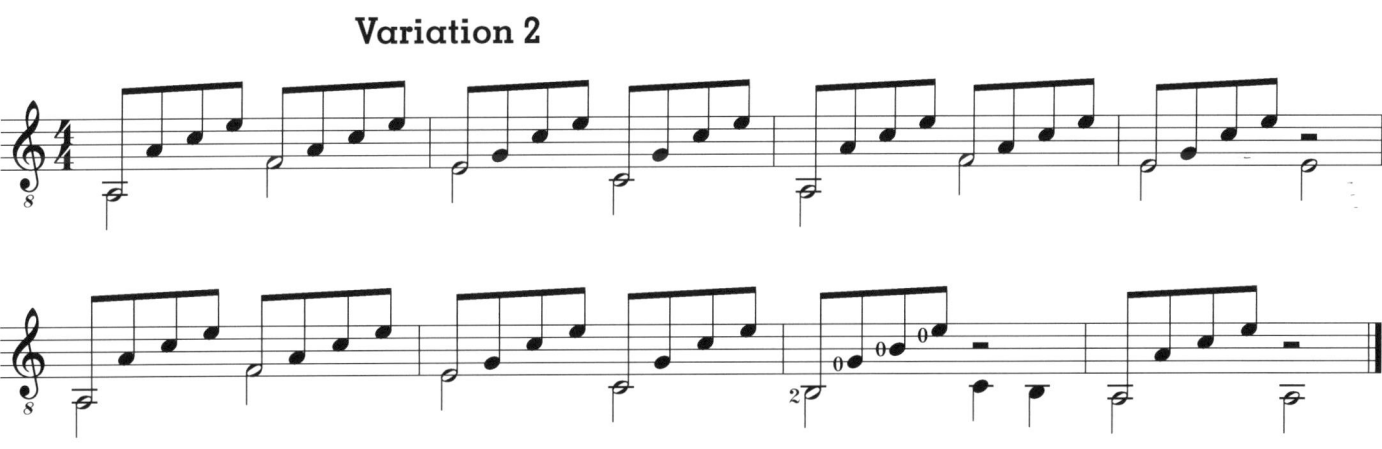

Variation 3

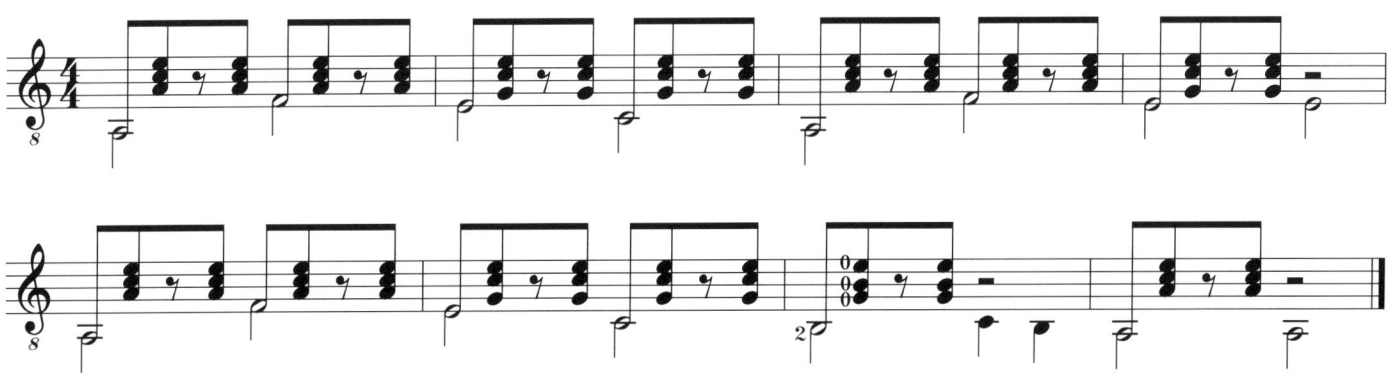

© 2006 by AMA Musikverlag

 **Im Märzen der Bauer**

Trad.

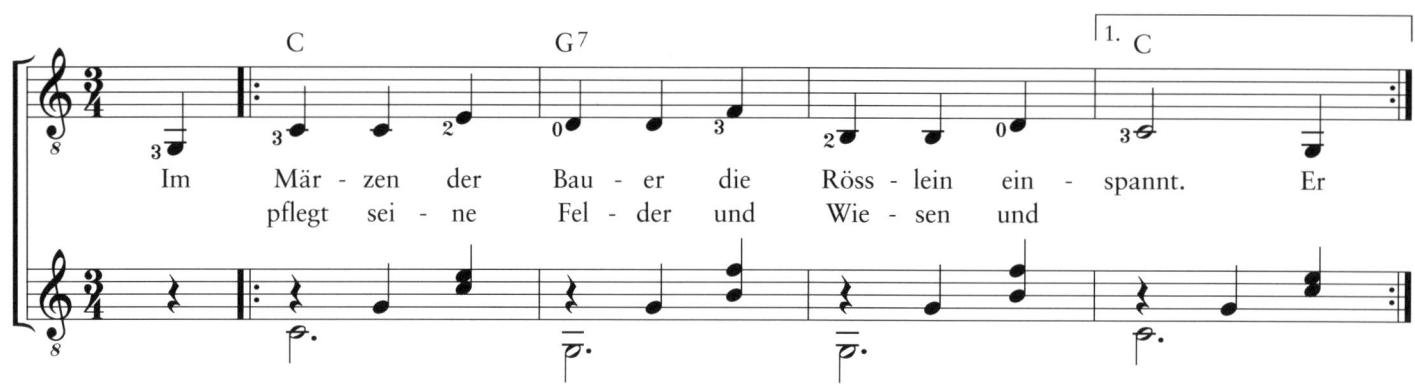

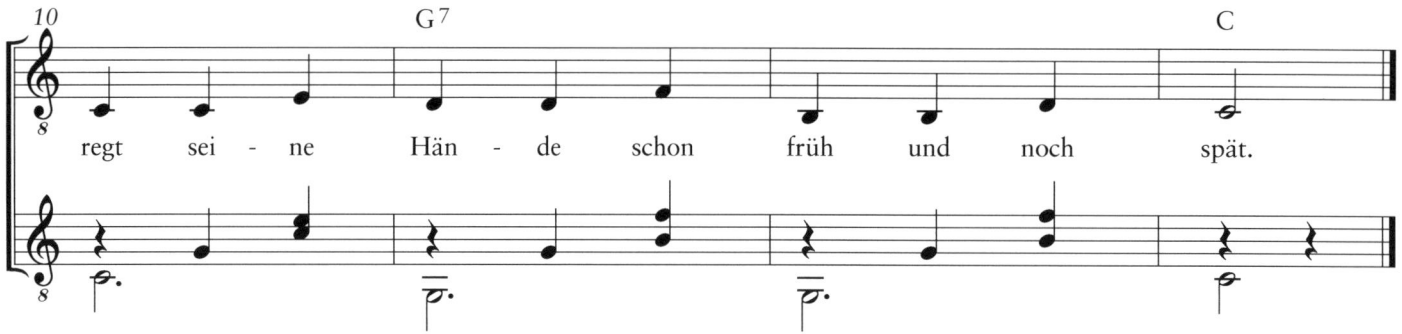

G7 vollständig

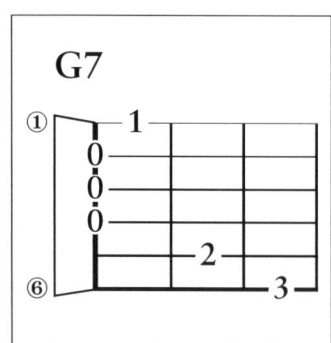

Wir brauchen den vollständigen G7-Akkord für eine geschlagene Begleitung:

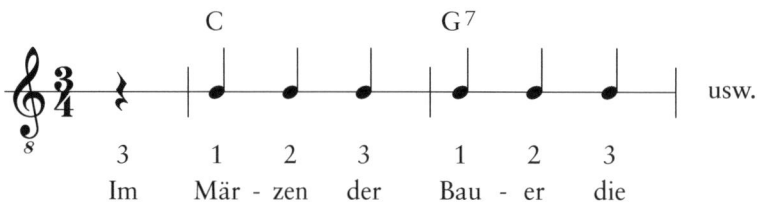

Der F-Dur-Akkord

 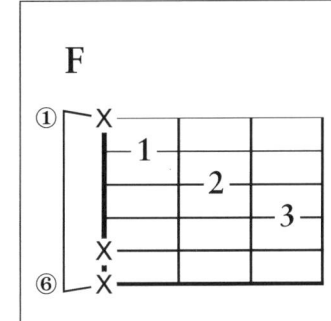

Die 1. Saite, also die hohe e'-Saite darf bei diesem Akkord nicht angeschlagen werden.

CD 44 **Akkordübung**

CD 45 **Zum Geburtstag**

M. J. Hill († 1916)

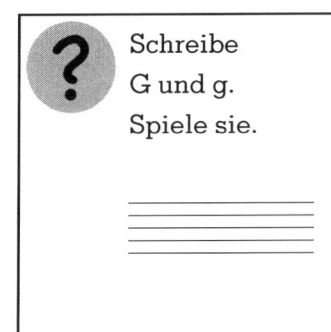
Schreibe G und g. Spiele sie.

Wie heißt der Ton? Wo wird er gespielt?

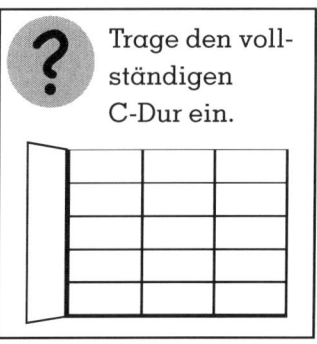
Trage den vollständigen C-Dur ein.

🎵 CD 46   **The Second Line**

J. Kienbaum/H.-W. Huppertz

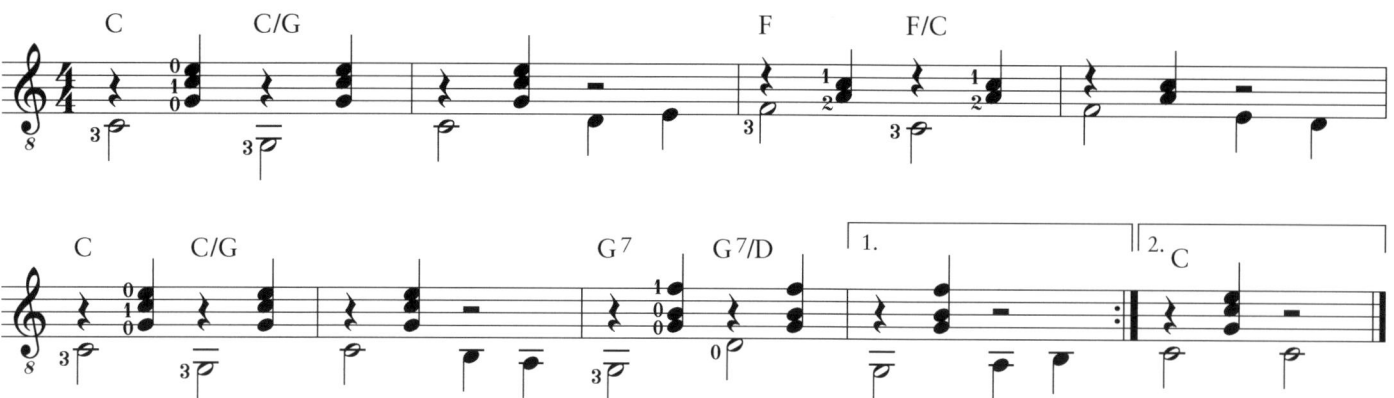

F-Dur (vollständig)

Um auch die hohe e'-Saite beim vollständigen F-Dur-Akkord spielen zu können, wird der 1. Finger mit dem ersten Fingerglied über beide Saiten gelegt, während die anderen beiden Finger rund aufgesetzt bleiben. Gerade dieser Gegensatz ist schwierig. Deshalb kann man anfangs diesen Akkord durch den vereinfachten F-Dur (s. o.) ersetzen.

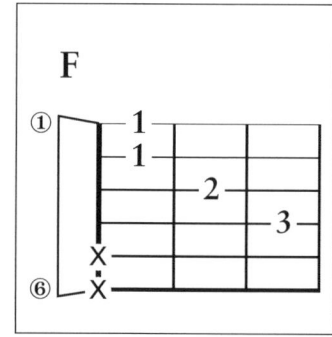

Barré Die Spieltechnik, mit einem Finger zwei oder noch mehr Saiten zu greifen, nennt man Barré. Wenn nur 2 oder 3 Saiten mit dem Zeigefinger gegriffen werden, spricht man vom „kleinen" Barré.

Vorübung

Bei dieser Übung greifen wir das c' mit dem 1. Finger. Dann drücken wir ihn so durch, dass wir nun die beiden oberen Saiten mit dem 1. Finger greifen. Gerade in den Akkordverbindungen F – C und Am – F ist dies nützlich.

🎵 CD 47   **Die Hauptakkorde in C-Dur**

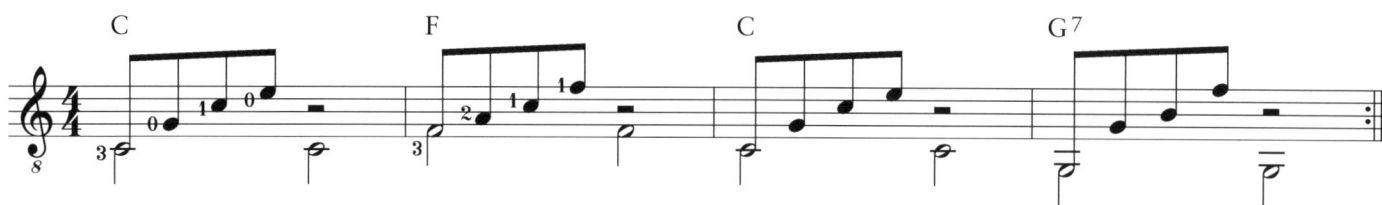

© 2006 by AMA Musikverlag

Die Hauptakkorde beinhalten alle Töne einer Tonart. Wir werden im weiteren Verlauf der Schule lernen, solche abgeschlossenen Folgen dieser wichtigen Akkorde zu spielen. An einigen Beispielen werden wir sehen, dass sie Bestandteil fast aller Stücke der Hitparaden sind. Schon das folgende Lied wurde mit anderem Text von einem großen Konzern zu Werbezwecken verwendet.

CD 48 Drei Chinesen mit dem Kontrabass

Trad.

Chiara (12 Jahre) fragt:

Bei mir klappt der Wechsel zwischen G7 und C nicht so schnell. Woran liegt das?

Wenn dir etwas schwer fällt oder nicht klappt, weißt du genau, was du häufiger und mit großer Sorgfalt üben musst. Das ist ein Fall für den Übeplaner. Du solltest jeden Tag den Wechsel von G7 nach C und zurück üben, bis er dir in „Fleisch und Blut" übergegangen ist. Sei dabei ganz erfinderisch und überlege dir verschiedene Arten des Übens, wie z. B. nur mit der linken Hand alleine, mit verschiedenen Anschlagsformen, mal schnell, mal sehr langsam. Alles was dir einfällt, um die Schwierigkeit zu meistern, solltest du probieren.

3. Teil
Wechselschlag
Melodiespiel auf den Diskantsaiten

Melodien auf den hohen Saiten spielen wir mit dem „Wechselschlag". Dabei benutzen wir abwechselnd Mittel- (m) und Zeigefinger (i) der rechten Hand auf einer Saite. Wir unterscheiden zwei Anschlagsarten beim Melodiespiel mit Wechselschlag:

Apoyando/Tirando

Tirando Beim Tirando (auch freier Anschlag genannt) bewegt sich der Finger nach dem Anschlagen des Tones über die benachbarte Saite hinweg in Richtung Handinnenfläche.

Apoyando Der angelegte Anschlag wird bei Melodien im Wechselschlag sehr häufig genutzt. Beim Apoyando stoppt die nächst tiefere Saite den Finger nach dem Anschlag des Tones. Der Finger ruht bis zur nächsten Anschlagsbewegung an dieser Saite.

Bisher haben wir im freien Anschlag gespielt, daher wenden wir uns nun dem angelegten Anschlag zu. Natürlich sind im Wechselschlag beide Anschlagsvarianten gleichberechtigt, sie werden sogar häufig miteinander kombiniert.

 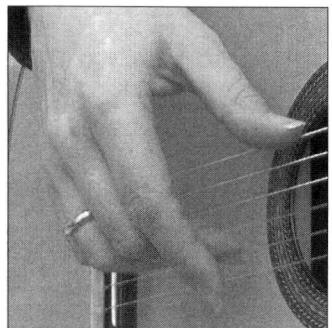

Die Bewegung ähnelt dem Gehen: Wenn der eine Finger anschlägt, verlässt der andere die Saite und bereitet den nächsten Anschlag vor.

Haltungsänderung

Um den für das Apoyando notwendigen spitzeren Winkel der Finger zu den Saiten einnehmen zu können, ist eine flachere Handstellung empfehlenswert.

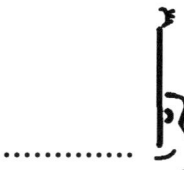

Übungen im Wechselschlag

CD 49 **e'-Saite**

h-Saite

g-Saite

CD 49 00:22 **Übung mit Saitenübergängen:**

Wir üben zuerst m-i-m-i und danach i-m-i-m

Welche der beiden Möglichkeiten fühlt sich besser an?

Wechselschlag im 3/4-Takt

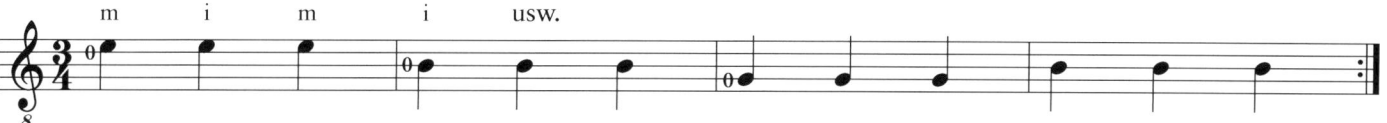

Die Töne, die wir üben

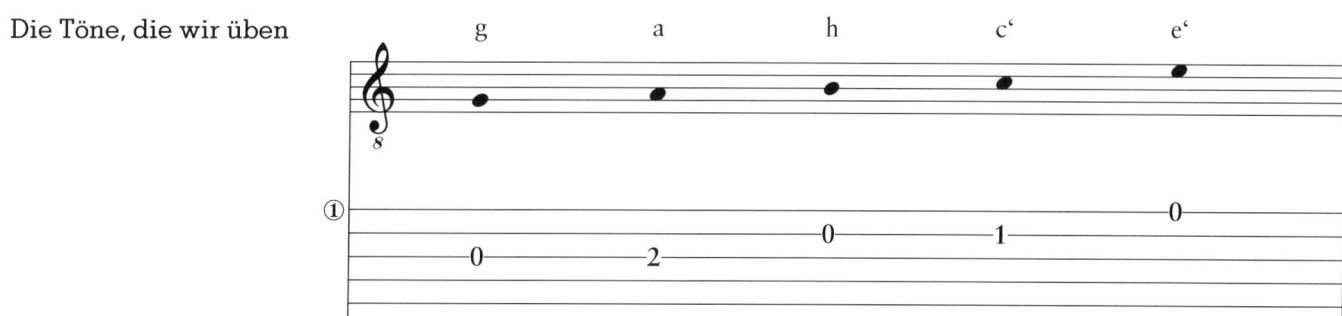

© 2006 by AMA Musikverlag

Auf und ab

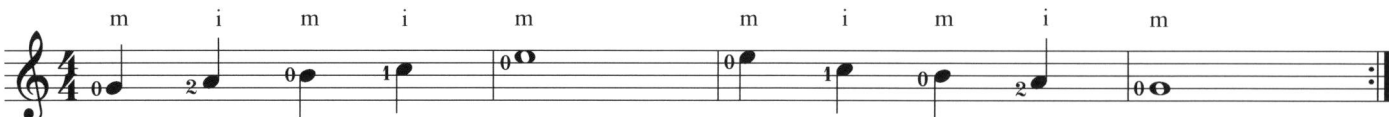

Arwin (11 Jahre) fragt:

Warum beginnen wir hier mit „m" und nicht mit „i"?
Wir beginnen hier mit „m", damit günstige Saitenübergänge für die rechte Hand entstehen. Der Wechsel von einer tiefen zu einer höheren Saite geht leichter von „i" zu „m".
Wir probieren als nächste Übung mal die umgekehrte Reihenfolge m-i. Welche fühlt sich besser an?

In Achtelnoten:

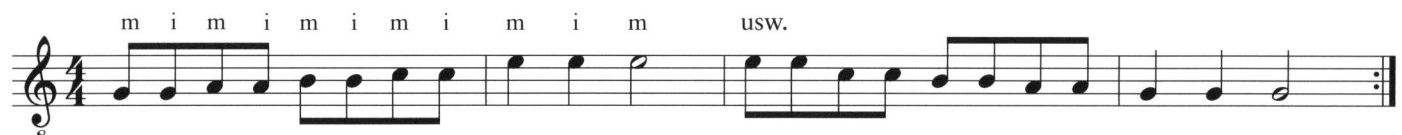

CD 50 Another Point Of View

J. Kienbaum/H.-W. Huppertz

Die Begleitung üben wir zuerst, indem wir jeden Akkord zweimal spielen.
Natürlich führen wir die Begleitung weiter im Tirando- (freien) Anschlag aus.

CD 50 Eine geschlagene Begleitung:

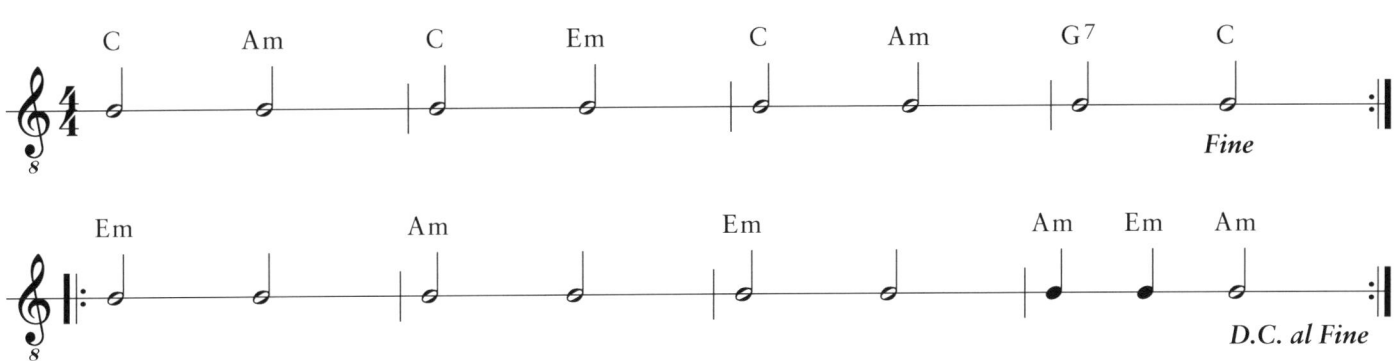

CD 51 Ain't That Simple?

J. Kienbaum/H.-W. Huppertz

Wir tragen die Fingersätze in die zweite Akkolade des Liedes ein.

CD 51 Die Begleitung spielen wir auch mit folgender Anschlagsform.

Der Ton d'

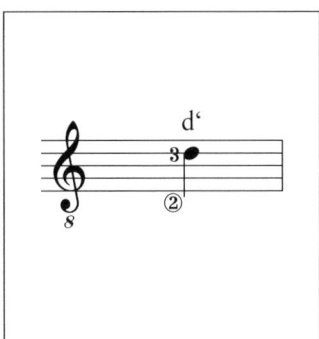 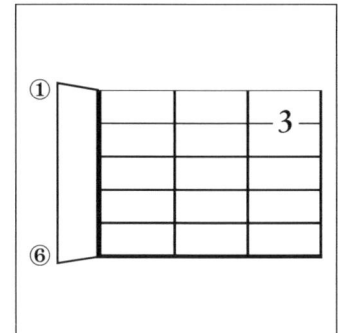 

Der Ton d' kann je nach Zusammenhang auch mit dem 4. Finger gespielt werden.

Die Töne, die wir üben

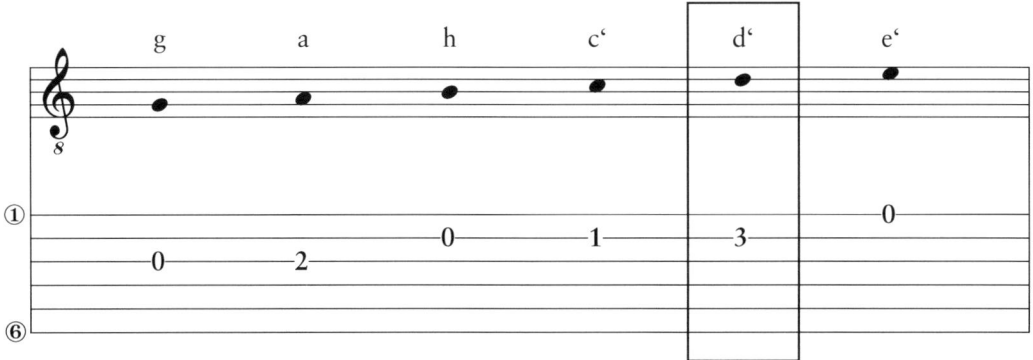

Auf und ab

Auf und ab in Achtelnoten

Morgen kommt der Weihnachtsmann

Text: H. H. von Fallersleben/Musik: Trad.

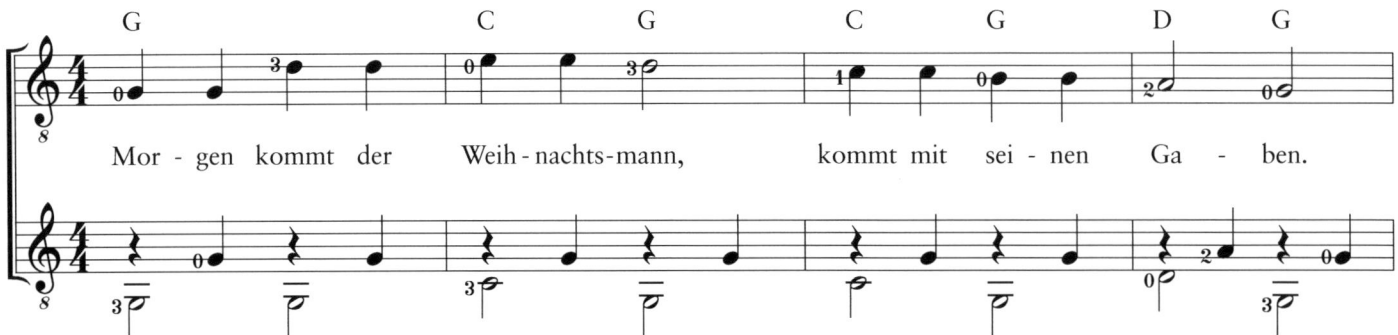

Mor - gen kommt der Weih - nachts - mann, kommt mit sei - nen Ga - ben.

72

© 2006 by AMA Musikverlag

Old Mac Donald (3-stimmig)

Trad./Bearb.: J. Kienbaum/H.-W. Huppertz

Für die Begleitung des nächsten Liedes schauen wir uns zuerst die drei vorkommenden Akkorde an:

CD 53 Auf der Mauer, auf der Lauer

Trad.

- Schreibe E, e und e'. Spiele sie.
- Wie heißen die Töne? Wo werden sie gespielt?
- Schreibe G und g. Spiele sie.

Übung für den 1. und 3. Finger

CD 55 Where Are You Now? (Akkordbegleitung auf S. 86)

J. Kienbaum

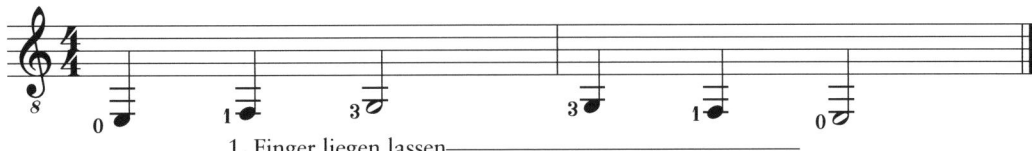

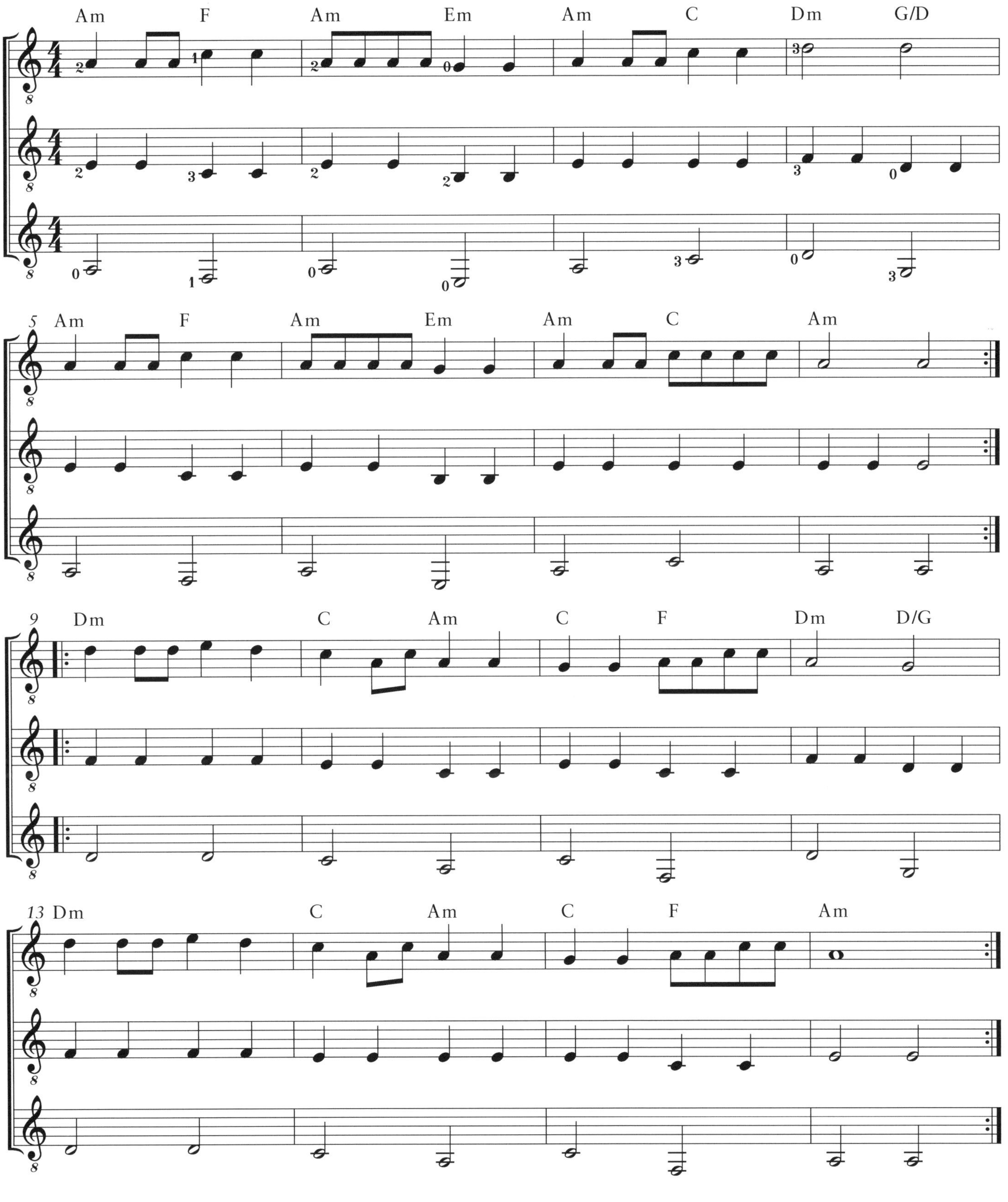

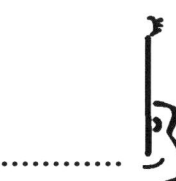

Der Ton g'

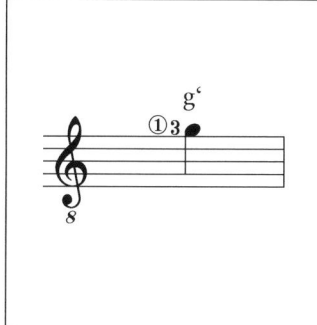 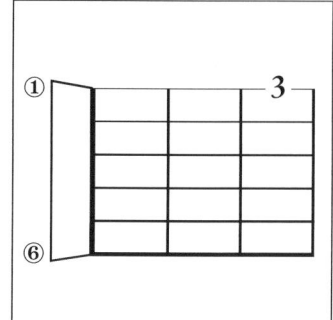 

Der Ton g' kann je nach Zusammenhang auch mit dem 4. Finger gespielt werden.

Die Töne, die wir üben

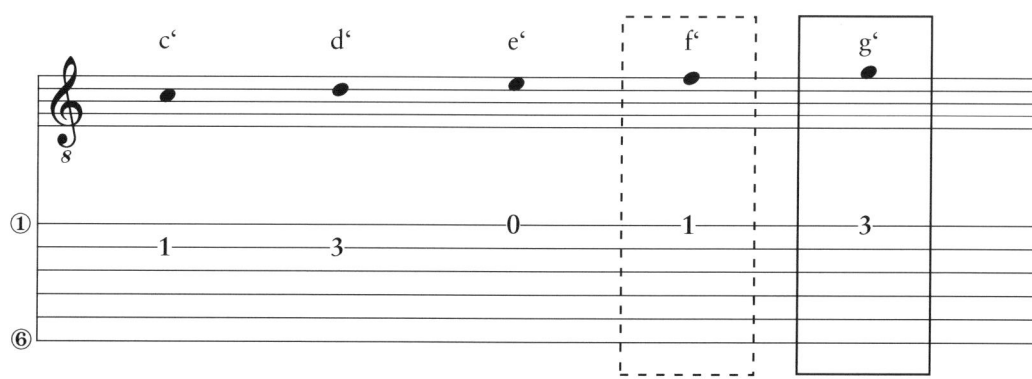

Den Ton f' kennen wir schon von S. 57. Er wurde bei F-Dur und G7 benutzt.

CD 56 Jingle Bells

Trad./Bearb.: J. Kienbaum/H.-W. Huppertz

78

© 2006 by AMA Musikverlag

Die Töne, die wir üben

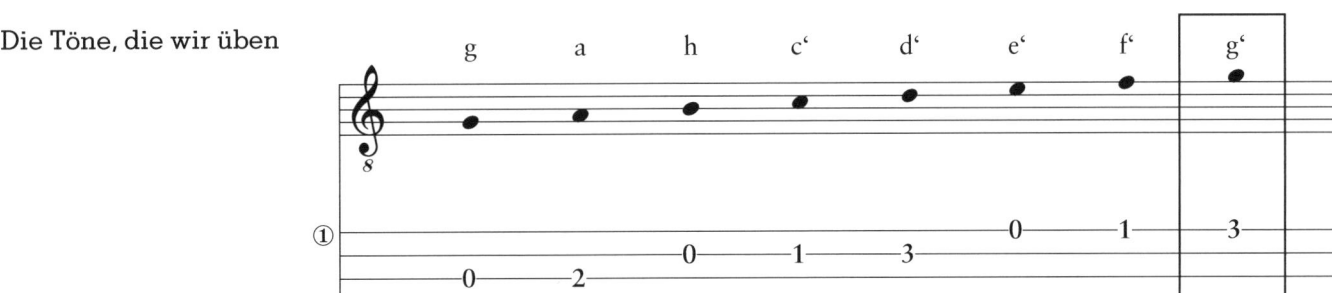

Damit kennen wir alle Stammtöne auf den Melodiesaiten in der I. Lage.

Auf und Ab

Auf und Ab in Achtelnoten

CD 57 **Time To Play**

J. Kienbaum/H.-W. Huppertz

© 2006 by AMA Musikverlag

Abschlag ⊓

Bisher haben wir bei geschlagenen Akkorden ausschließlich von der tiefsten zur höchsten Saite gespielt (Zeichen ⊓). Nach jedem Anschlag gehen wir wieder in die Ausgangsposition zurück und schlagen erneut an:

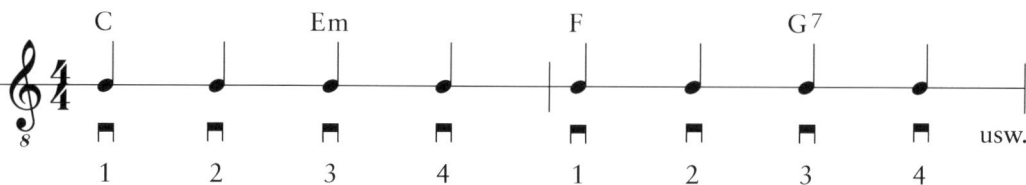

Aufschlag V

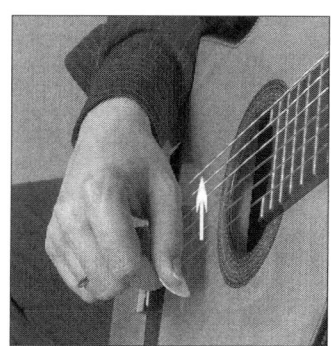

Bei dieser Rückholbewegung schlagen wir nun ebenfalls die Saiten, diesmal von der höchsten zur tiefsten Saite an (Zeichen V):

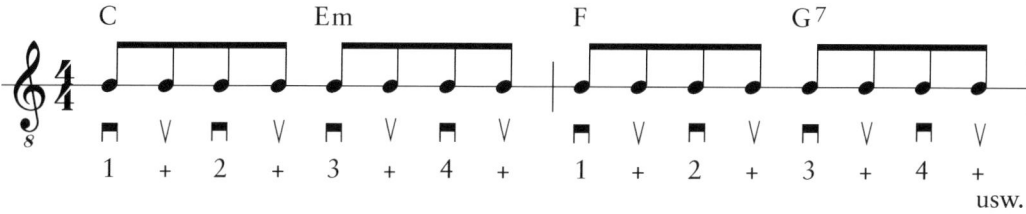

Jetzt variieren wir diese Anschlagsform und schlagen nur bei jeder zweiten Rückholbewegung an:

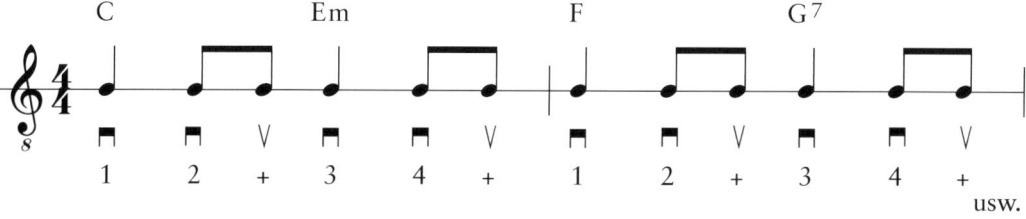

Um eine Begleitung rhythmisch sicher zu spielen, verknüpfen wir den Rhythmus mit der regelmäßigen Bewegung des rechten Arms. Wir spielen die schweren Zählzeiten (1, 2, 3, 4) immer als Abschlag, von der sechsten bis zur ersten Saite.
Die Achtel auf den unbetonten Zeiten, jeweils auf dem „und" (+), werden dagegen immer als Aufschlag von der ersten Saite zur sechsten Saite durchgeschlagen.
Dieser einfache Ablauf sorgt dafür, dass wir immer im Puls bleiben, und durch die Handstellung wissen wir, auf welcher Zählzeit wir uns befinden.

Im Märzen der Bauer

Trad.

Im Mär-zen der Bau-er die Röss-lein ein-spannt. Er Land. Er
pflegt sei-ne Fel-der und Wie-sen und

a-ckert und pflü-get und eg-get und sät und

regt sei-ne Hän-de schon früh und noch spät.

Eine geschlagene Anschlagsform:

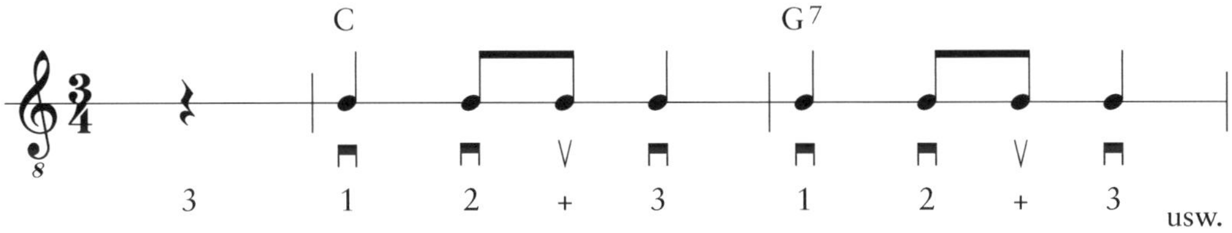

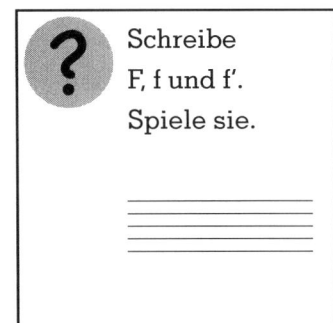

Schreibe F, f und f'. Spiele sie.

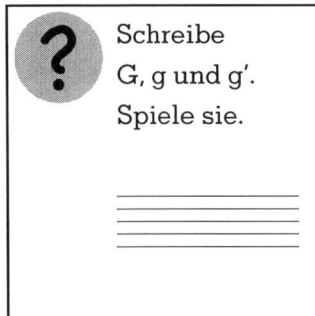

Schreibe G, g und g'. Spiele sie.

Trage den vollständigen F-Dur-Akkord ein.

© 2006 by AMA Musikverlag

Zum Geburtstag

M. J. Hill († 1916)

Wir begleiten auch mit der geschlagenen Anschlagsform des vorhergehenden Liedes.

Der D-Moll-Akkord

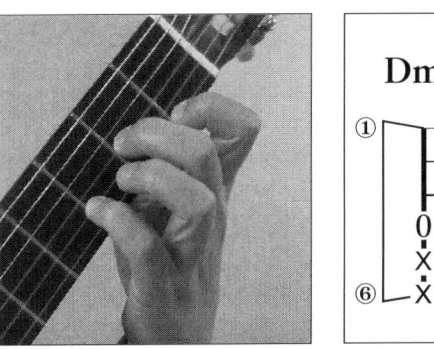
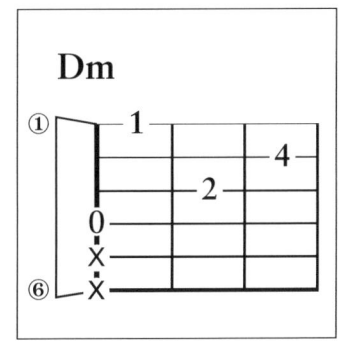
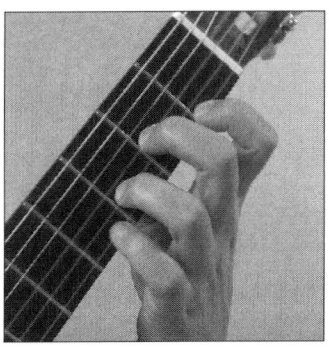

Der Ton d' auf der h-Saite wird beim D-Moll-Akkord meistens mit dem 4. Finger gespielt. Je nach Zusammenhang kann er auch mit dem 3. gegriffen werden; jedoch nicht, wenn C-Dur folgt oder vorangeht, weil hier der 3. Finger auf der A-Saite greift.

CD 58 ## Die Hauptakkorde in A-Moll

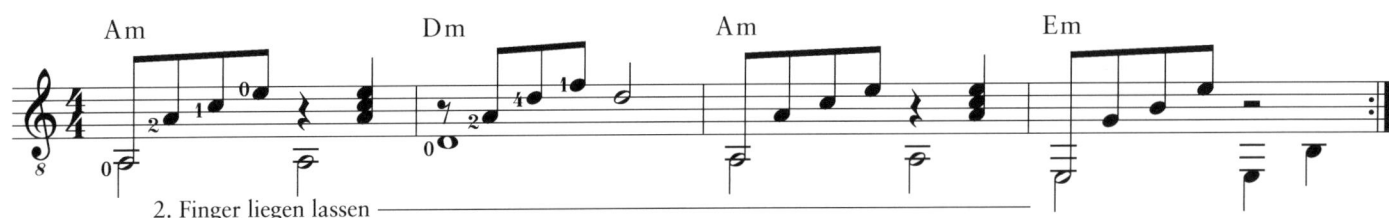

2. Finger liegen lassen

And The Winner Is

J. Kienbaum

Eine geschlagene Begleitung:

Die zwei tiefen Saiten E und A sollten beim D-Moll-Akkord auf keinen Fall angeschlagen werden.

The Music Observer

J. Kienbaum/H.-W. Huppertz

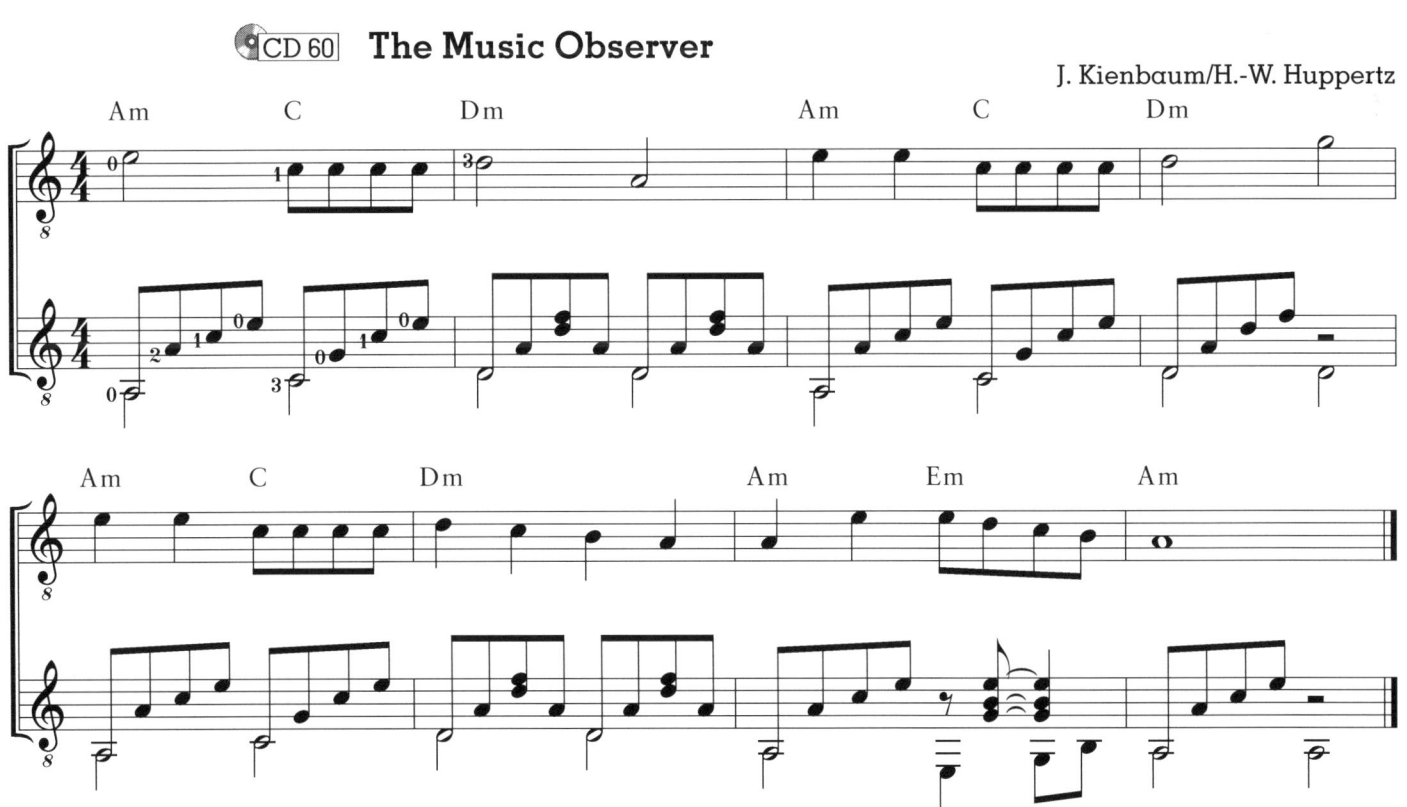

Die beiden Lieder dieser Seite lassen sich für ein Vorspiel als A-B-A-Teil nacheinander spielen.

So What?

J. Kienbaum

Dal Segno al Fine = Noch einmal vom Zeichen (Takt 9) bis zum Schluss (Takt 16).

Fingergymnastik für den 4. Finger

Der 3. Finger bleibt während der ganzen Übung auf dem „G" liegen. Wenn wir es mit dem 4. Finger noch nicht bis zur höchsten Saite schaffen, ist das nicht schlimm. Normalerweise braucht man etwas Übung für diese „Verrenkung".

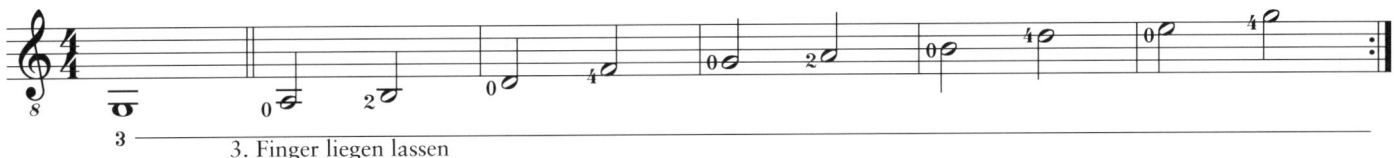

3. Finger liegen lassen

Die entsprechend Übung von der höchsten Saite ausgehend:

4. Finger liegen lassen

G-Dur mit D im Bass

 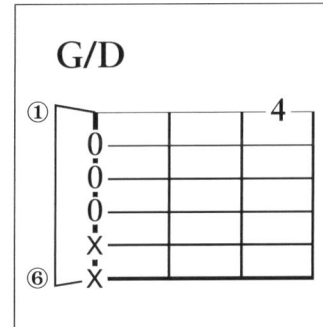

Den Ton g' kann man je nach Zusammenhang mit dem 3. oder 4. Finger spielen. Wir benutzen jeweils den in den Noten vorgeschlagenen Fingersatz. Der angegebene Fingersatz berücksichtigt den günstigsten Finger.

CD 62   Akkordfolge in C-Dur

CD 55 **Where Are You Now?** (Akkordbegleitung, s. S. 77)

J. Kienbaum

Wir schreiben die Akkordbezeichnungen über die Noten.

Der G-Dur-Akkord

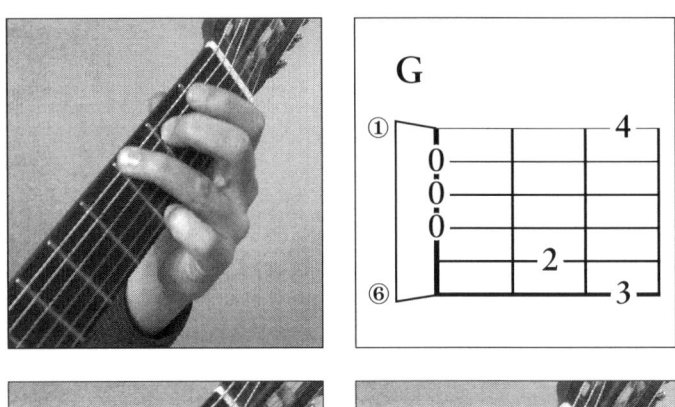

Gerade bei diesem Akkord gilt: Es geht auch mit anderen Fingersätzen. Sehr beliebt ist 1–2–3 oder 1–2–4. Wir probieren diese Möglichkeiten aus.

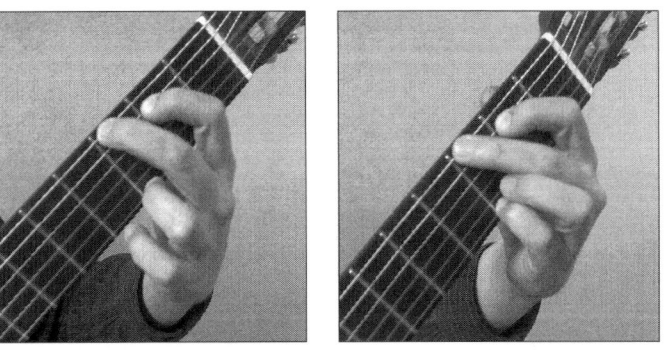

Wichtig Wenn uns der G-Dur noch zu schwer ist, ersetzen wir ihn durch G/D.

🔘CD 63 Die Hauptakkorde in C-Dur

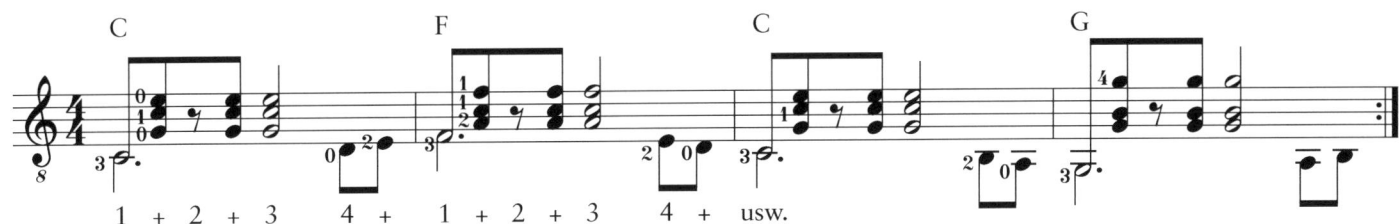

🔘CD 64 Saturday Afternoon In The Park

J. Kienbaum

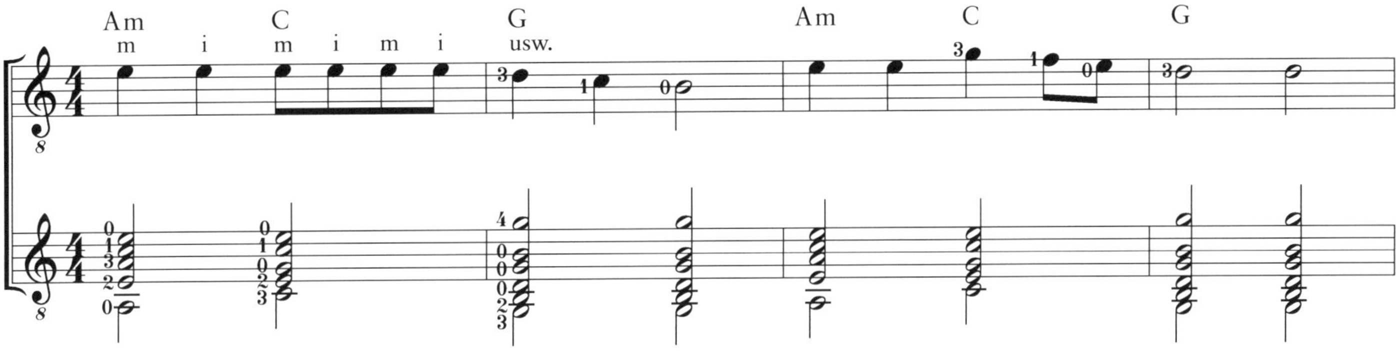

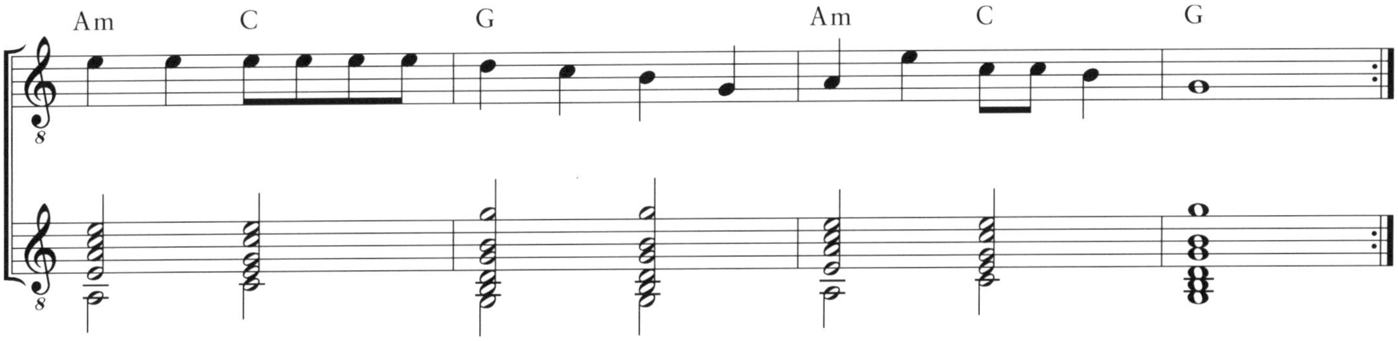

Begleitung

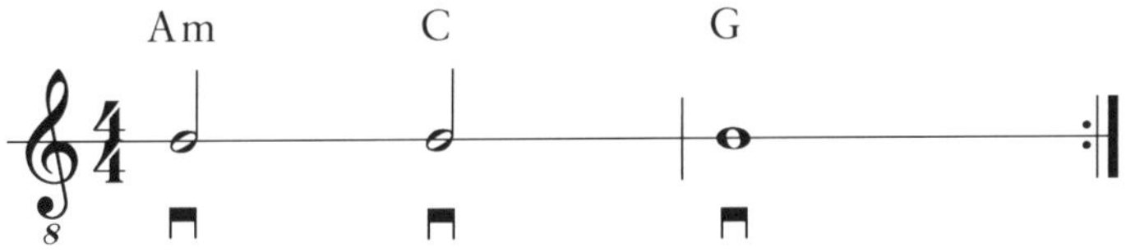

Wir üben erst nur die Akkordwendung Am–C–G, bis wir sie sicher beherrschen.

Viele Hits der Rock- und Popgeschichte benutzen einfache Akkordverbindungen, wie wir sie die ganze Zeit schon üben, so z. B.:

Aicha

Jean-Jacques Goldmann

© EMI Music Publishing Germany GmbH & Co. KG (F. EMI Virgin Music Publishing Germany GmbH & Co. KG)

Das Original steht einen Ganzton höher in H-Moll. Dafür können wir einen Kapodaster benutzen. Unser Gitarrenlehrer zeigt uns bestimmt gerne, was das ist.

© 2006 by AMA Musikverlag

4. Teil
Vorzeichen/Versetzungszeichen
Weitere Akkorde

Wenn wir uns den D-Dur-Akkord auf der nächsten Seite genauer ansehen, fällt uns auf, dass wir erstmals den Ton zwischen f' und g' greifen müssen. Um diesen Ton in Noten zu schreiben, brauchen wir ein Versetzungszeichen:
- Mit den Versetzungszeichen ♯ und ♭ können wir die Stammtöne c, d, e, f, g, a und h um einen Halbton erhöhen oder erniedrigen („alterieren").
- Die Versetzungszeichen gelten grundsätzlich bis zum nächsten Taktstrich, sie müssen also im gleichen Takt nicht wiederholt werden.

♯ Das „Kreuz" oder „Kreuzchen" erhöht den Ton. Wir ergänzen die Silbe „-is" am Namen des Tones, z. B. aus „c" wird „cis" oder in einer anderen Schreibweise „c♯".
Der Ton ist auf der Gitarre dann jeweils einen Bund höher.
Eselsbrücke: Der Ton bekommt ein „Leiterchen".

Beispiele:

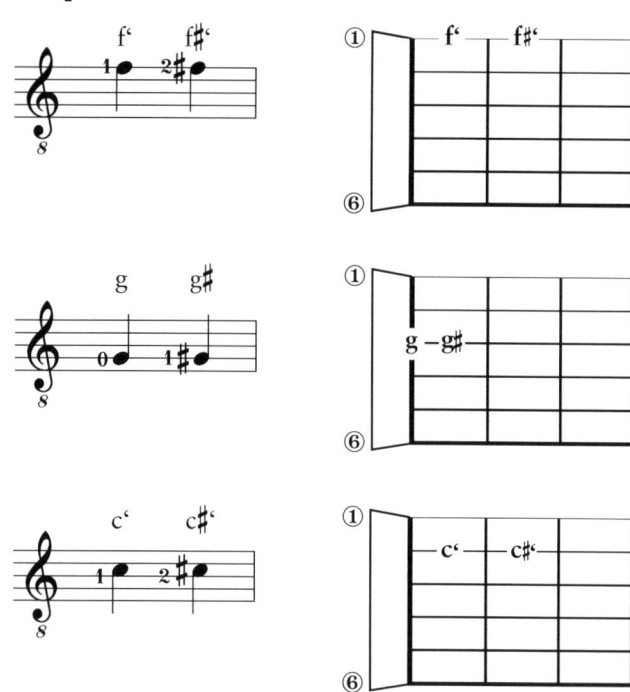

♭ Das „B" oder „B-chen" erniedrigt den Ton. Der Ton ist jeweils einen Bund tiefer. Wir ergänzen die Silbe „es", z. B. aus „d" wird „des" oder „d♭".
Weil bei den Tönen „e" und „a" zwei Vokale aufeinander folgen würden, wird nur „s" ergänzt, z. B. „es". Der Ton „h" wird zum Ton „b".
Eine Eselsbrücke: Der Ton bekommt mit einem „Hämmerchen" einen Schlag auf die „Rübe" und wird dadurch tiefer. Z. B.:

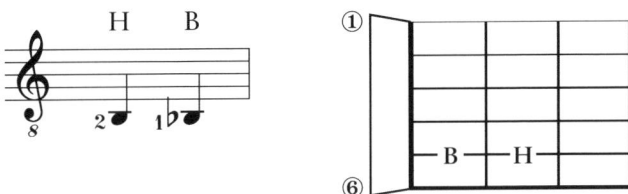

Wenn ein Versetzungszeichen zu Beginn einer Notenzeile direkt neben dem Notenschlüssel steht, nennt man es Vorzeichen. Es gilt dann für die ganze Notenzeile und für alle Tonhöhen (s. S. 90 „Vorzeichen").

♮ Das „Auflösungszeichen" hebt das Vor- oder Versetzungszeichen wieder auf.

Der D-Dur-Akkord

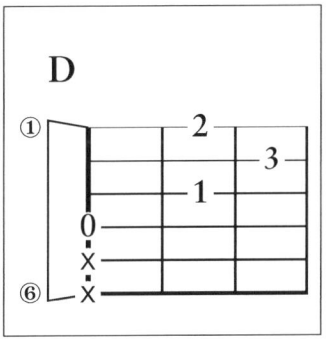

CD 65 **Sunday Afternoon**

J. Kienbaum/H.-W. Huppertz

Wir schreiben die Akkordbezeichnungen über die Begleitstimme.
Dieses Lied lässt sich mit „Saturday Afternoon In The Park" (S. 87) nacheinander spielen: 1. Sunday… – 2. Saturday… – 3. Sunday….

Vorzeichen In den nächsten Übungen und Liedern steht zu Beginn jeder Zeile hinter dem Notenschlüssel ein ♯ auf der obersten Notenlinie. Das bedeutet, in einem solchen Notensystem wird jedes „f" – egal ob hoch oder tief – zu „fis".

Der Vorteil liegt darin, dass man nicht dauernd das ♯ schreiben muss und der Fachmann daran die Tonart erkennen kann (hier G-Dur).

CD 66 Die Hauptakkorde in G-Dur

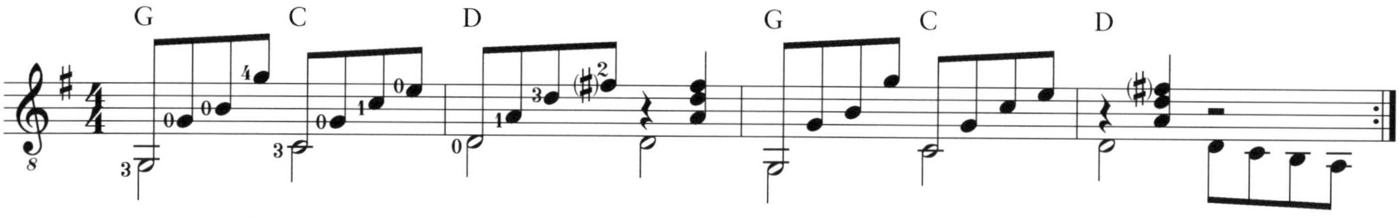

(♯) = Sicherheitsvorzeichen, nur zur Erinnerung

CD 67 Oh When The Saints

Spiritual

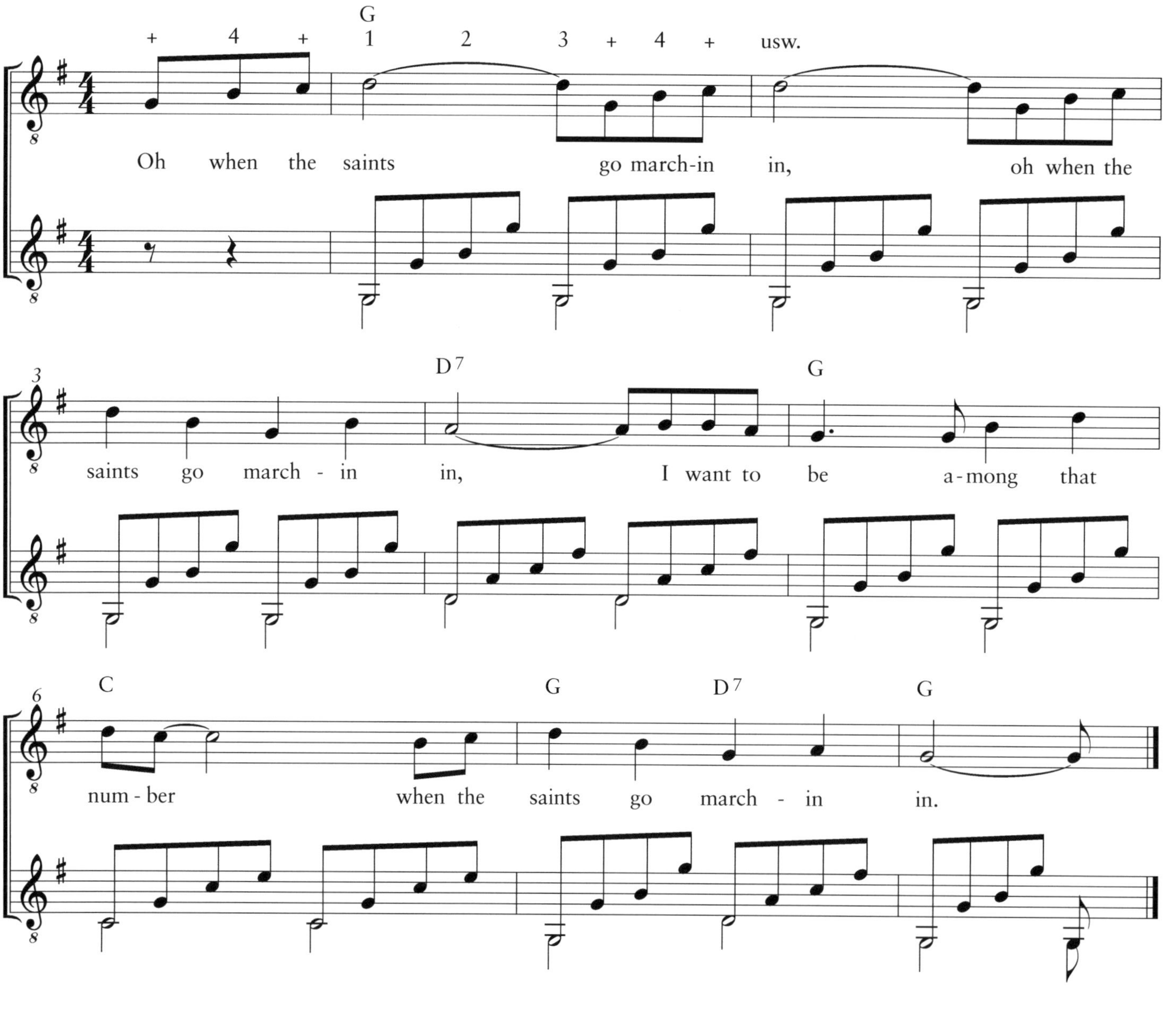

Wir begleiten auch wieder mit einer geschlagenen Begleitung:

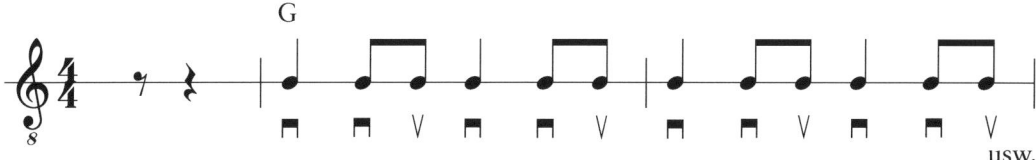

Knockin' On Heaven's Door

Bob Dylan

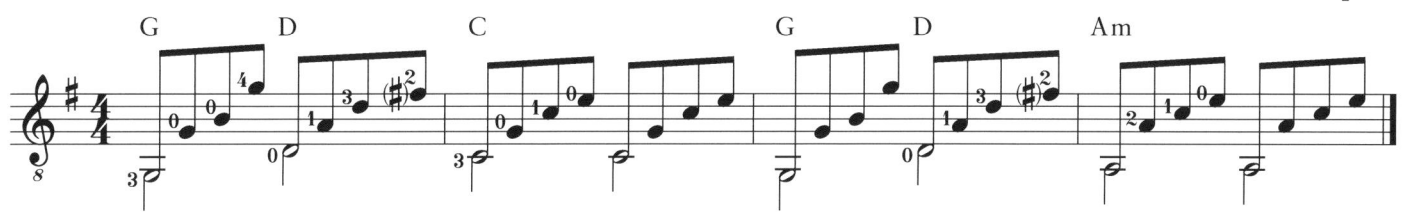

© SONY/ATV Music Publishing (Germany) GmbH

CD 68 Alle Jahre wieder

Text: Wilhelm Hey/Musik: Friedrich Silcher

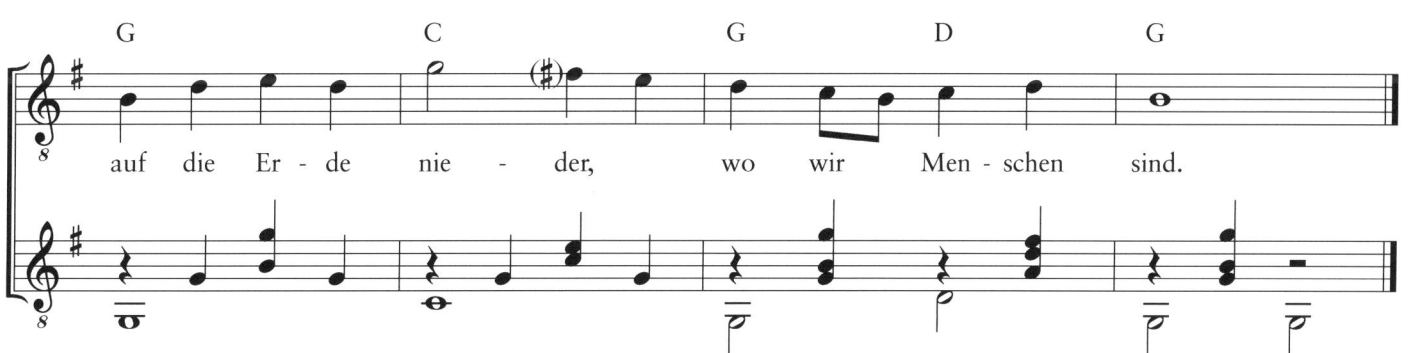

Eine geschlagene Begleitung:

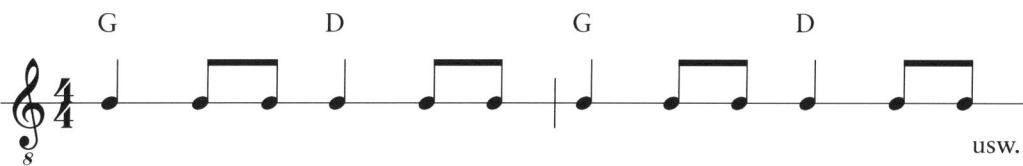

Camptown Races

Stephen C. Foster (1826-1864)

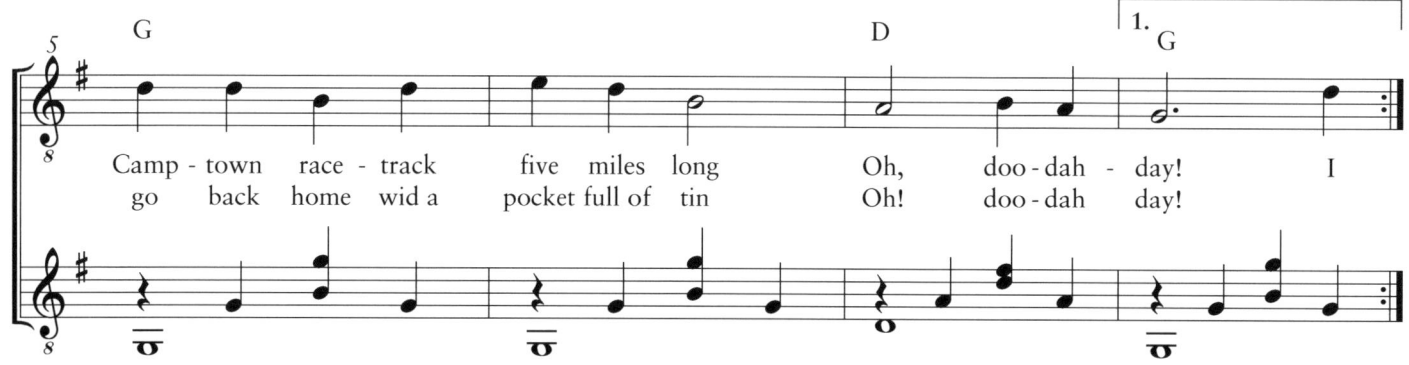

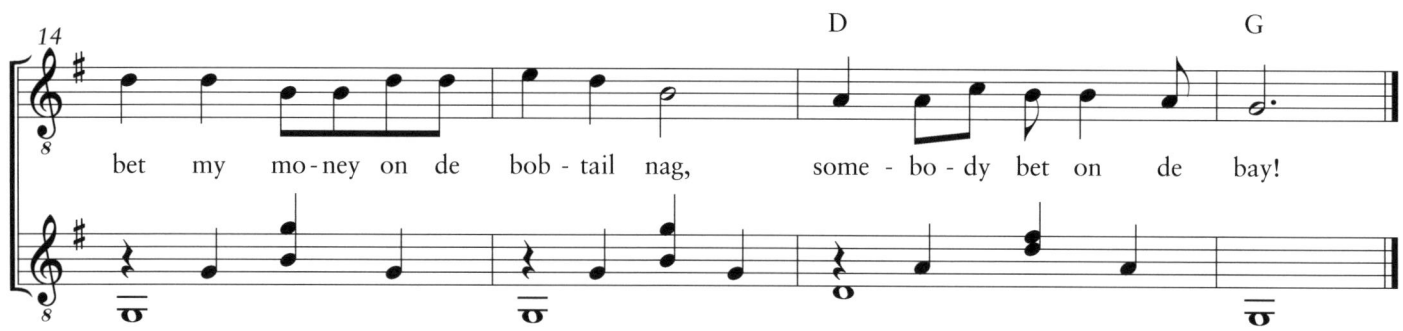

Eine geschlagene Begleitung:

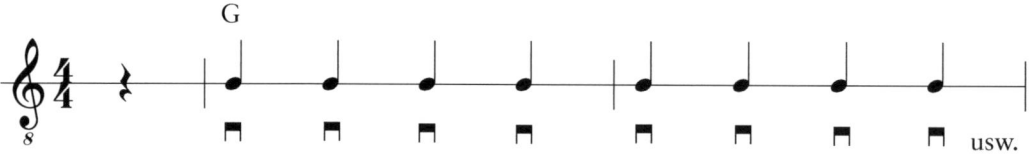

Der A-Dur-Akkord

Den A-Dur-Akkord kann man jeweils unterschiedlich greifen:

A-Dur vollständig

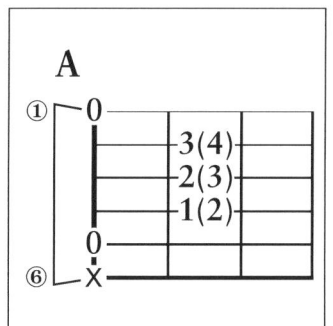

Je nach Zusammenhang müssen wir gelegentlich den gleichen Ton oder Akkord mit verschiedenen Fingern greifen.

A-Dur unvollst.

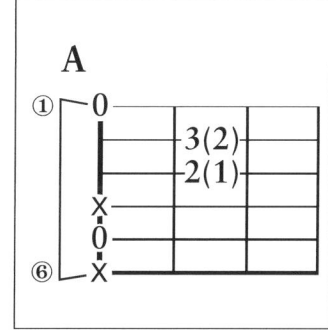

Entscheidend ist die für die Hand und Finger günstigste Verbindung.

Mit ein wenig Erfahrung erkennt man im Kontext den besten Fingersatz.

CD 70 Die Hauptakkorde in D-Dur

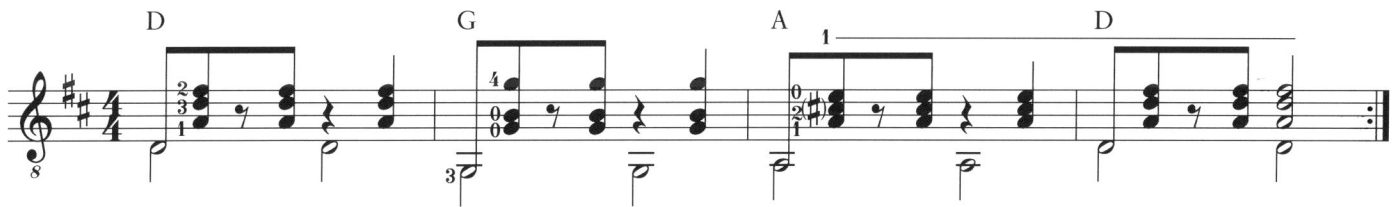

Und noch ein Hit mit einer einfachen, aber ausbaufähigen Akkordwendung. Es kommen praktisch gar keine Akkorde mehr dazu. Im Original wird auch dieses Lied einen Ganzton höher gespielt und gesungen.

Love Is All Around

Reg Presley

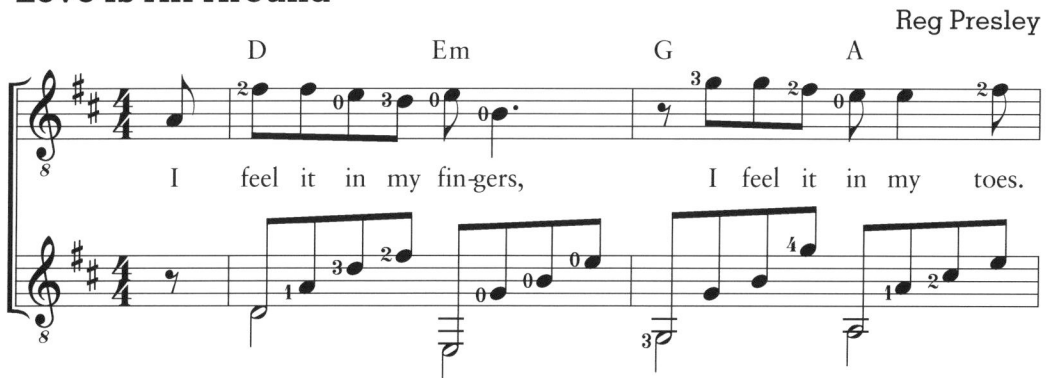

© UNIVERSAL MUSIC PUBLISHING GMBH

Übung für den 4. Finger

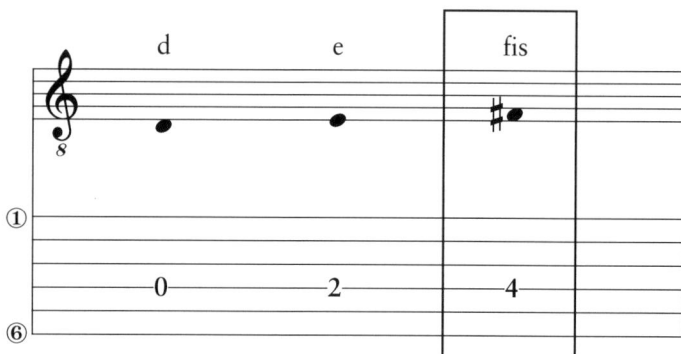

Wir nehmen unbedingt den 4. und nicht den 3. Finger, um nicht hin- und herspringen zu müssen.

usw.

Da wir das Lied schon kennen, versuchen wir es aus dem Gedächtnis zu Ende zu spielen.

CD 71 Mein Hut, der hat drei Ecken

Trad.

Der 1. Finger bleibt in der Begleitstimme immer liegen.

Der E-Dur-Akkord

E-Dur vollständig

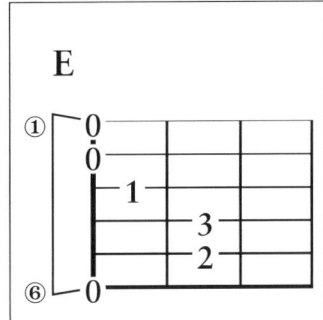

E-Dur unvollst.

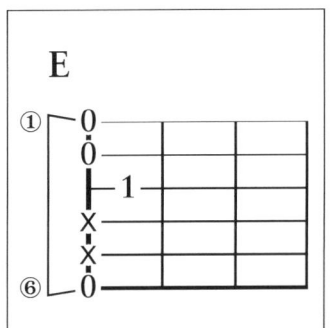

CD 72 Die Hauptakkorde in A-Dur

Von D-Dur zu E-Dur rutscht der 1. Finger auf der Saite einen Bund tiefer.

CD 72 00:22 Variation

CD 73 Die Hauptakkorde in A-Moll

Aura Lee

Trad.

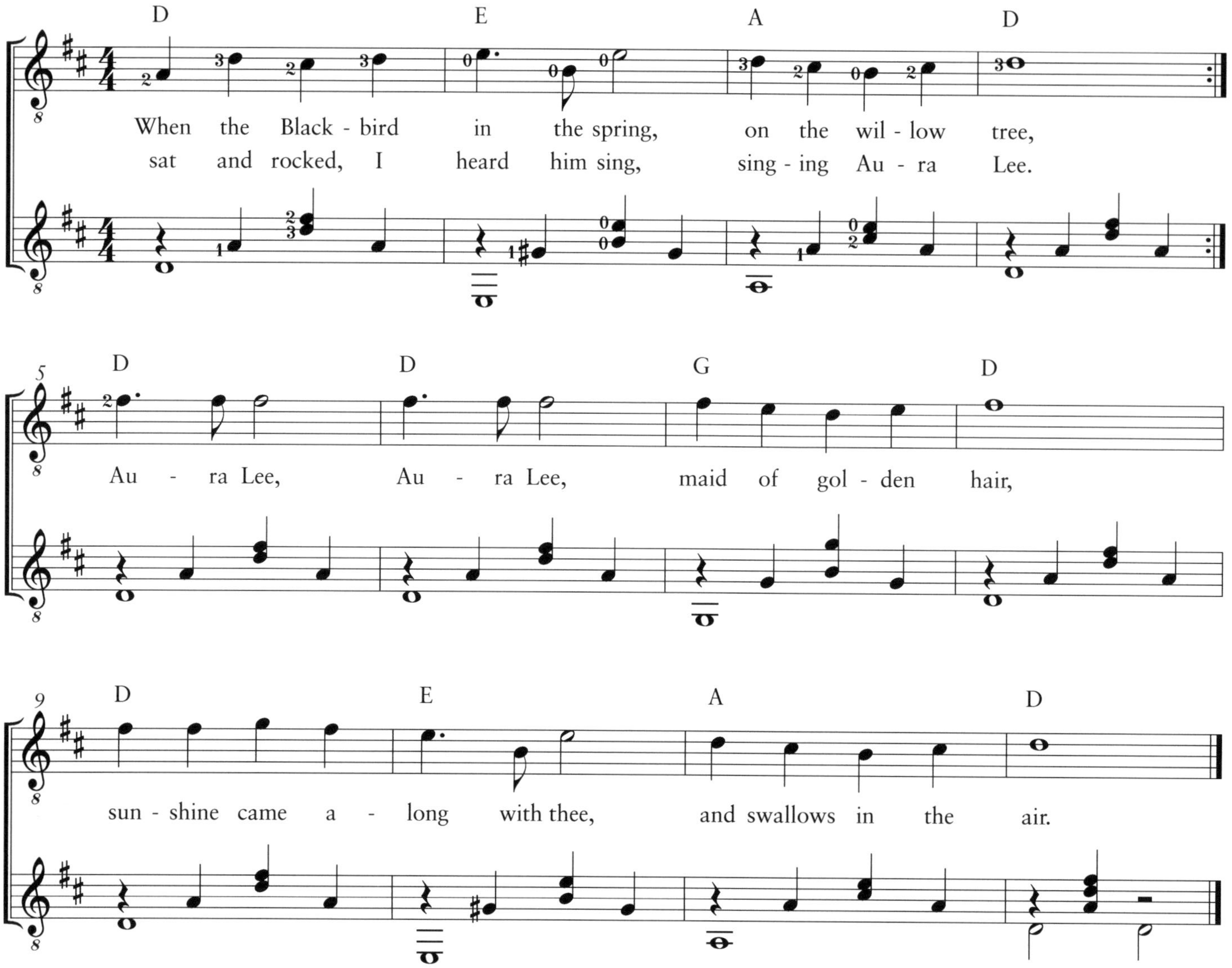

D E A D
When the Black - bird in the spring, on the wil - low tree,
sat and rocked, I heard him sing, sing - ing Au - ra Lee.
5
D D G D
Au - ra Lee, Au - ra Lee, maid of gol - den hair,
9
D E A D
sun - shine came a - long with thee, and swallows in the air.

Eine geschlagene Begleitung:

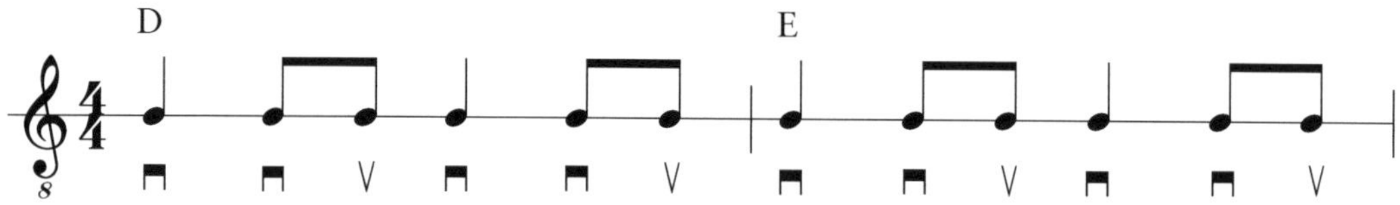

D
E
usw.

Schreibe H und h. Spiele sie.

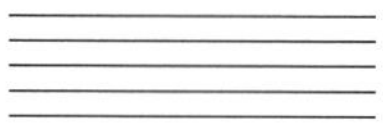

Wie heißt der Ton? Wo wird er gespielt?

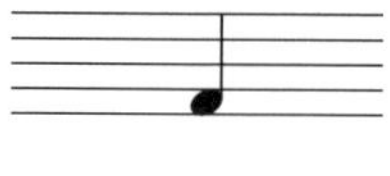

Trage den D-Moll-Akkord ein.

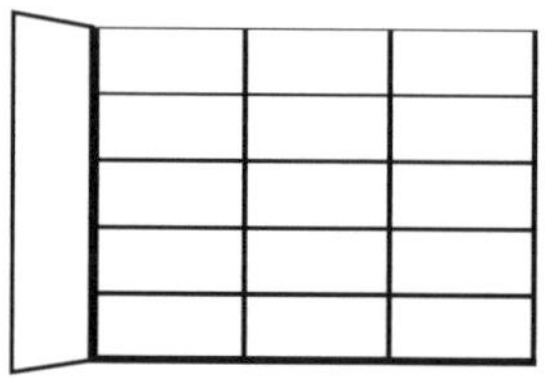

CD 74 **Maria durch ein Dornwald ging**

Trad./Bearb.: J. Kienbaum

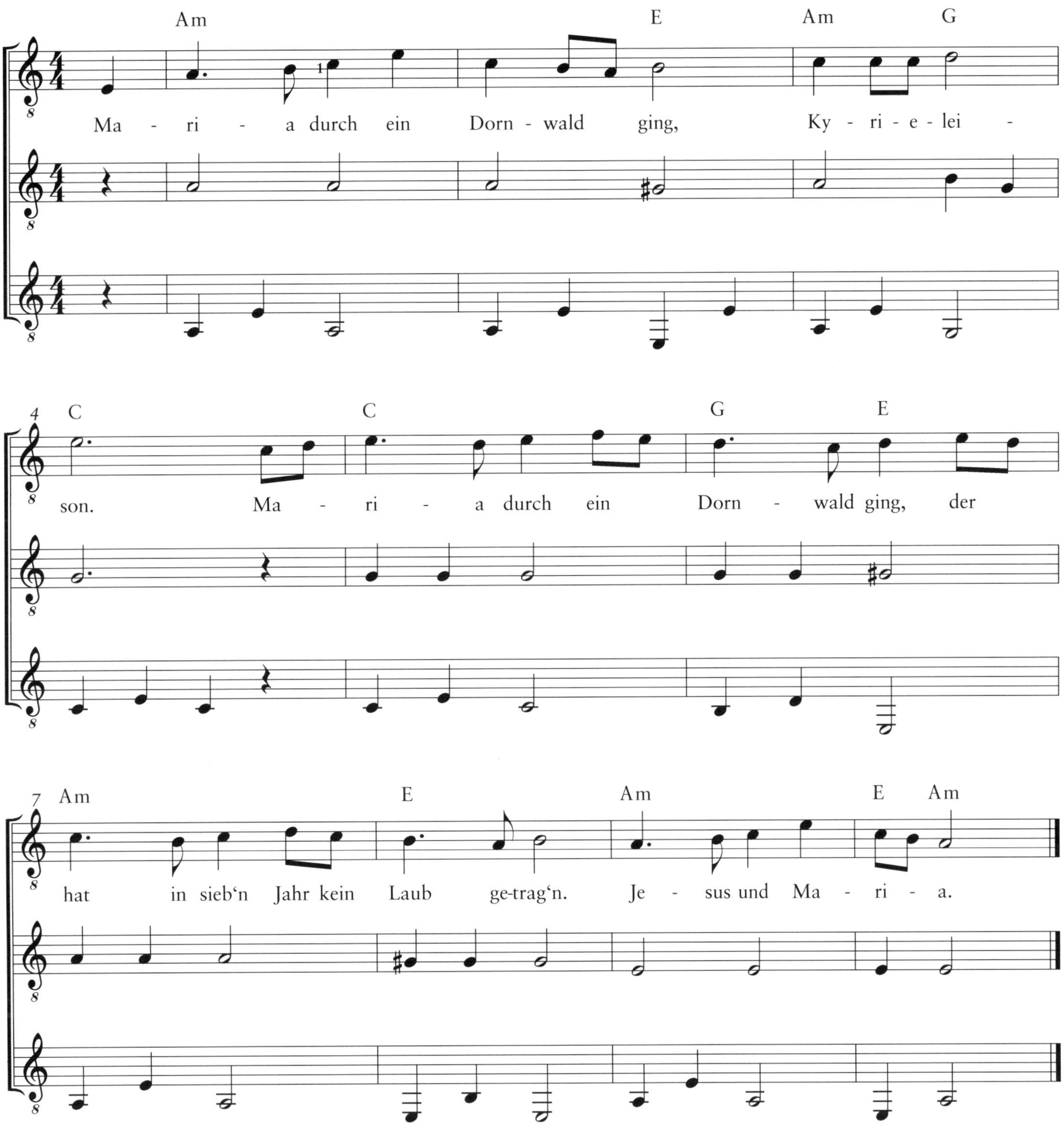

Begleitung:

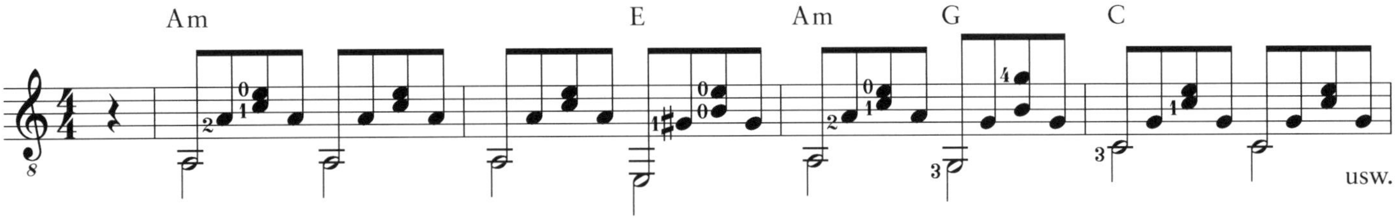

Long, Long Ago

Thomas Haymes Bayly (1797-1839)

Tell me the tales that to me were so dear, long, long a-go, long, long a-go.
Sing me the songs I de-light-ed to hear,

Now you are come all my grief is re-moved, Let me be-lieve that you
let me for-get that so long you have roved.

love as you loved, long, long a-go, long a-go.

Begleitung

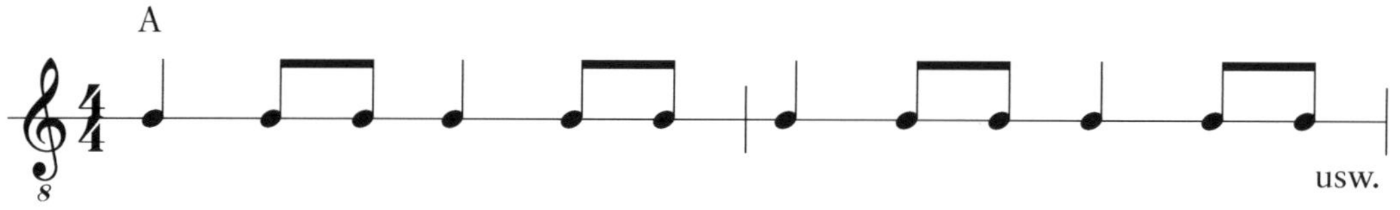

usw.

Der Ton a'

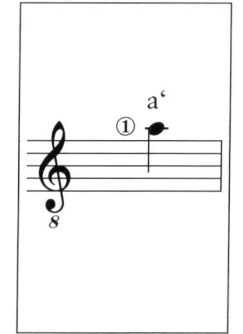
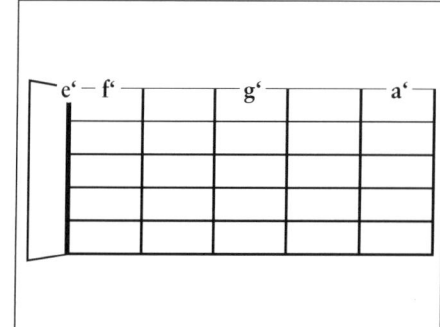

Wir haben in unserem Lehrgang die Töne der ersten Lage kennen gelernt.
Erste Lage bedeutet, alle Töne in den ersten 4 Bünden so zu spielen, dass in der Regel der erste Finger im ersten Bund, der zweite Finger im zweiten usw. greift. (Einige Akkorde verlangten schon eine Abweichung von dieser Regel.)
Als letzte Lektion dieses Lehrwerkes und quasi als Ausblick auf kommenden Lehrstoff spielen wir erstmals einen Ton in der II. Lage. Wir erinnern uns: Die Lage wird bezeichnet nach dem Bund, in dem der erste Finger der linken Hand greift.

Vorübung

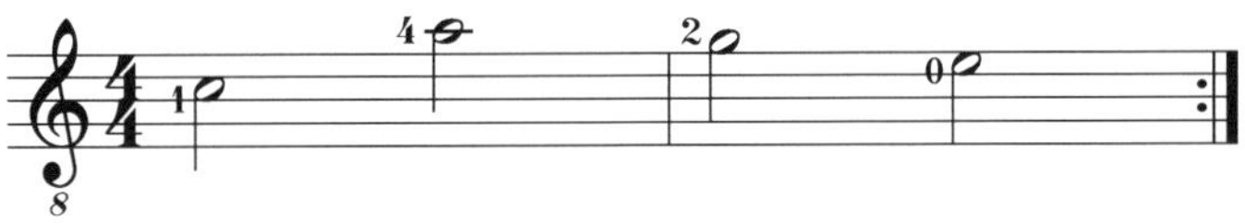

I
II
I

Hier müssen wir nach dem Ton „c' " die erste Lage verlassen, um mit dem 4. Finger den Ton a' im 5. Bund zu greifen.

Danach greift der 2. Finger das g' im dritten Bund. Wenn wir nun das e' (leere erste Saite) spielen, kehren wir wieder in die erste Lage zurück, um die folgenden Töne wie gewohnt greifen zu können.

CD 76

House Of The Rising Sun

Trad.

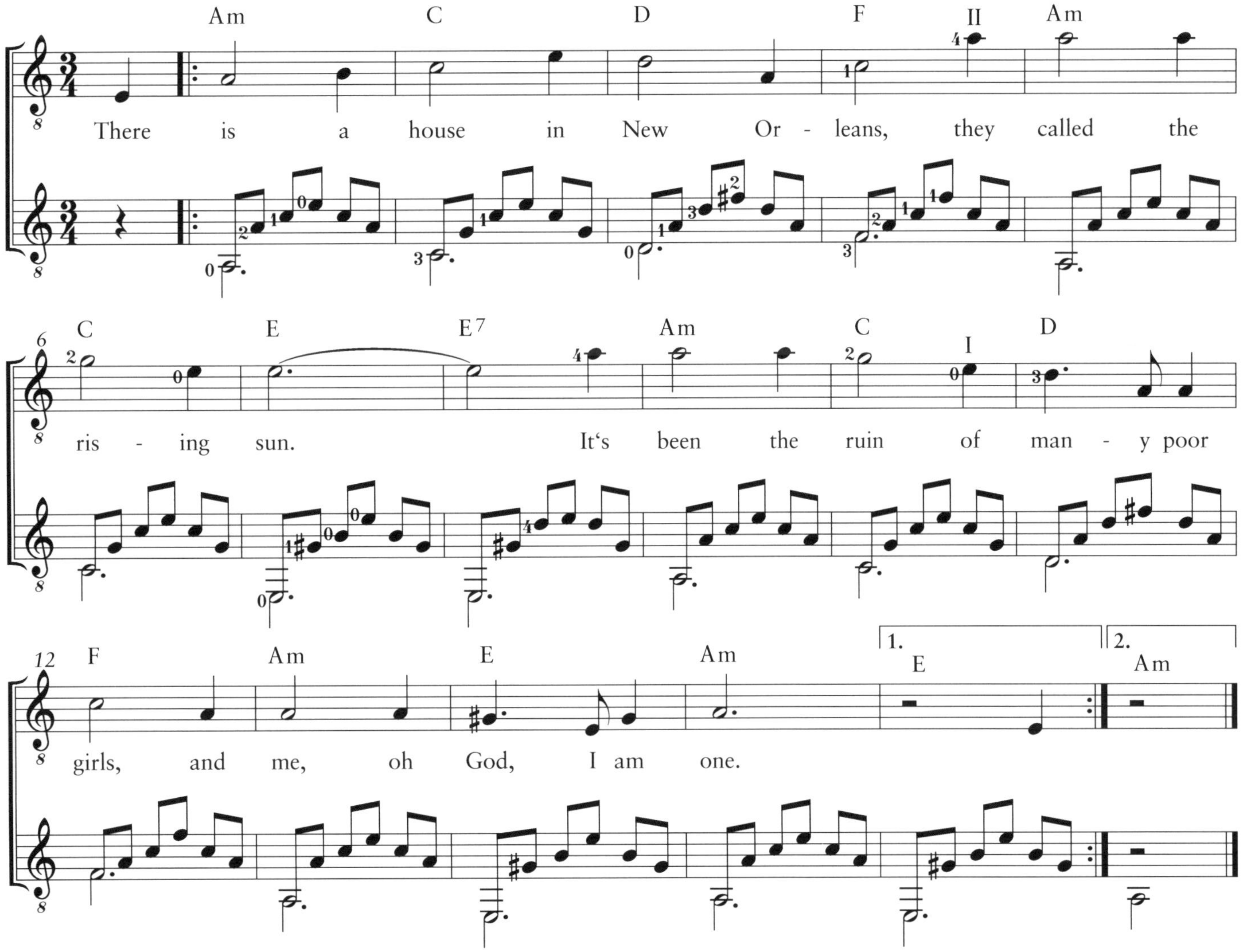

Am C D F II Am
There is a house in New Or - leans, they called the
C E E7 Am C I D
ris - ing sun. It's been the ruin of man - y poor
F Am E Am 1. E 2. Am
girls, and me, oh God, I am one.

Begleitung

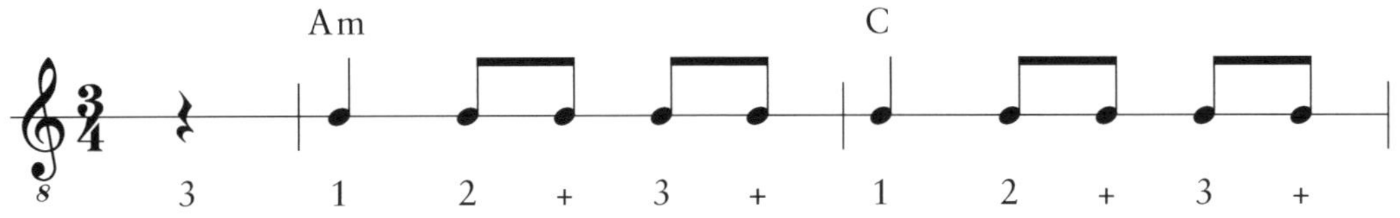

Am
C
3 1 2 + 3 + 1 2 + 3 +

5. Teil
Solo- und Ensemblestücke

CD 83 Stay Tuned

Jens Kienbaum

CD 84 Birker Reggae Reloaded

Jens Kienbaum

© 2006 by AMA Musikverlag

Keltisches Lied

Trad./Bearb.: J. Kienbaum/H.-W. Huppertz

Bretonisches Lied

Trad./Bearb.: J. Kienbaum/H.-W. Huppertz

Aura Lee (1)

Trad./Bearb.: J. Kienbaum/H.-W. Huppertz

Aura Lee (2)

Trad./Bearb.: J. Kienbaum/H.-W. Huppertz

„Aura Lee" 1 & 2 lassen sich bei einem Vorspiel nacheinander spielen.

Don't Stop

Jens Kienbaum

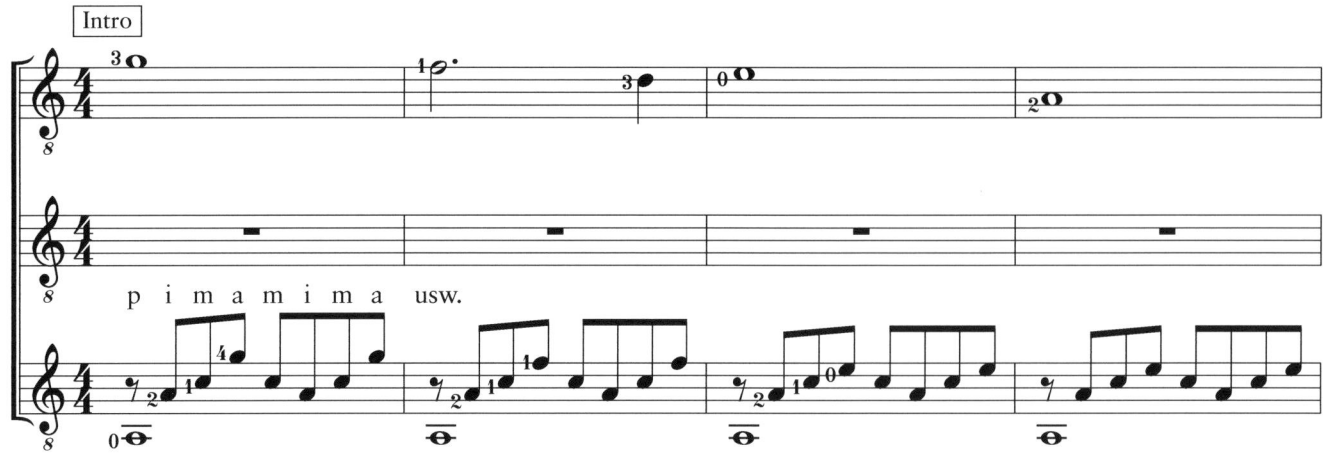
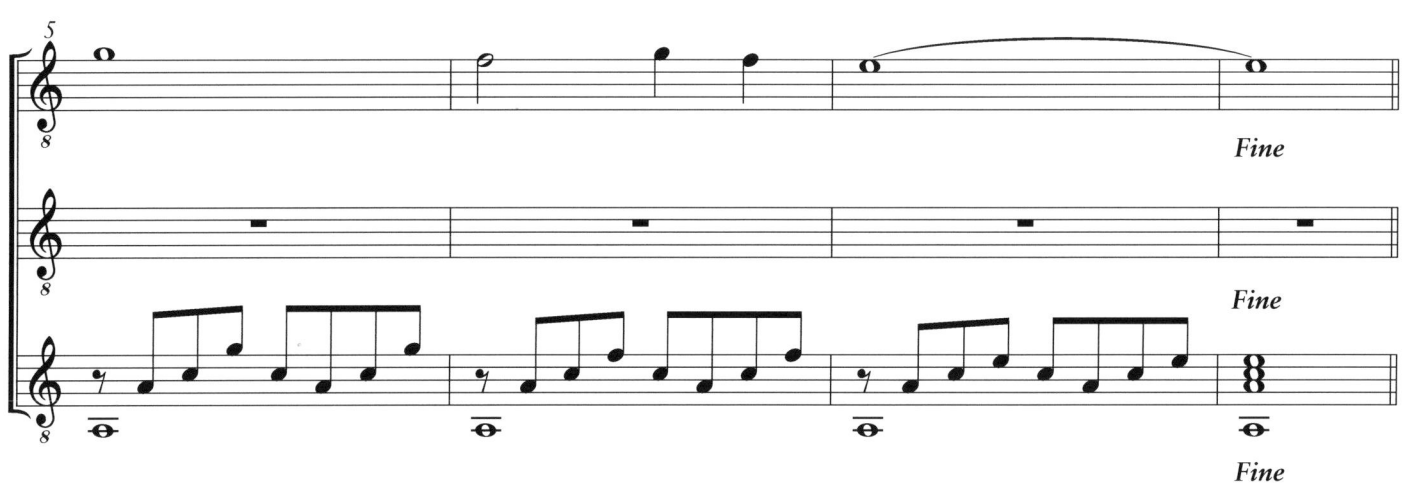

© 2006 by AMA Musikverlag

Ablauf: Intro – A – B – A – Intro

Never Walk Alone

Jens Kienbaum

© 2006 by AMA Musikverlag

Brain Up

Jens Kienbaum

6. Teil
Zur Arbeit mit diesem Buch

Wie schon im Vorwort erwähnt, ist die vorliegende Schule aus der Praxis entstanden. Wir waren bemüht, den Lernstoff sehr schnell im aktiven Spiel zu vermitteln.
Im Instrumentalunterricht, dem schon eine Entscheidung für ein bestimmtes Instrument vorausgeht, werden die zu übenden Grundkenntnisse bevorzugt direkt probiert und ausgeführt. Textliche Erklärungen wurden daher auf die Übungen verteilt, um die Schüler nicht mit „Bleiwüsten" zu erschlagen.

Die Unterrichtssituation

Großgruppen oder musizierende Klassen ergeben eine besondere Unterrichtssituation. Intensive Einzelgespräche können kaum stattfinden. Die Stunde braucht einen stetigen Fluss, damit kein zur Unruhe und Unkonzentriertheit anregender Leerlauf entsteht.

Selbstverständlich sollte der Lehrer den Raum mit seiner fachlichen Autorität füllen, sonst füllen die Schüler ihn mit ihren Mitteln. Dafür ist es notwendig, immer vorbereitet zu unterrichten. Auch wenn es nicht immer möglich ist, den genauen Stundenverlauf im Vorfeld zu planen, sollte doch der Ablauf so überschaut werden, dass durch zu geringe Anforderung an die Schüler keine Langeweile und durch zu hohe Anforderungen keine Frustration entsteht.

Die Einteilung des Unterrichtsmaterials in sinnvolle Stundeneinheiten kann nur durch den Lehrer geschehen, denn viele Faktoren – darunter die Gruppenzusammensetzung, also Alter und Teilnehmerstärke, aber auch Übemotivation der einzelnen Schüler – verlangen individuelle Lösungen.

Diese besondere Situation, vor einer Klasse zu stehen, erfordert sehr viel Kreativität, um aus einer eventuell räumlich und/oder zeitlich unbefriedigenden Ausgangssituation den größtmöglichen Nutzen für die Schüler zu erzielen.

Gruppenstärke — In den verschiedenen Testgruppen zeigte sich nicht unerwartet, dass je jünger die Schüler, desto kleiner die Gruppenstärke sein sollte.
In der Grundschule sollte die maximale Anzahl bei zehn Schülern liegen, in höheren Schulen und der Erwachsenenbildung ist auch mit zwanzig Teilnehmern ein Arbeiten möglich.

Räumliche Situation — In sehr großen Klassenräumen kann man mit einer Aufstellung der Schüler im Halbkreis eine gute Unterrichtssituation schaffen. Alle sitzen in der ersten Reihe und können direkt auf den Lehrer schauen. Allerdings sollten genügend Notenständer vorhanden sein und Zeit für Tische- und Stühlerücken eingeplant werden.

Sehr bewährt hat sich der Unterricht an Gruppentischen, also 4 bis 6 Schüler pro Tisch. Hier kann man die Schüler dazu motivieren, sich gegenseitig zu helfen. Man kann die Tische so gruppieren, dass an jedem Tisch ein „Vorzeigeschüler" sitzt, der im wahrsten Sinne des Wortes den anderen Schülern etwas zeigen kann bzw. bei ihm können die anderen Schüler etwas abschauen.

Unterrichtsmodelle

1. Zwei/mehrere Termine in der Woche:
   Viele Schulen haben sicher Bedarf, im Rahmen der OGATA (offenen Ganztagsschule) die Nachmittagsstunden sinnvoll zu gestalten. Musikschulen sind zu einer Kooperation mit öffentlichen Schulen bereit. Ein Modell mit mehreren Terminen bietet sich in einem solchen Rahmen geradezu an.
   In einer Zusammenarbeit mit dem Schiller-Gymnasium Köln wurde ein Unterrichtsmodell mit zwei Terminen erprobt. Der Übeeffekt von zwei Stunden pro Woche war von unschätzbarem Wert für das Erlernen des Instrumentes. Eine zusätzliche Stunde pro Woche ist meist länger als Schüler in der Woche zu Hause üben.
   Im Anschluss an die Stunde empfiehlt sich, wenn es zeitlich möglich ist, eine kurze Nachhilfe für Schüler mit Schwierigkeiten im Lerntempo oder nach versäumten Stunden (was sich in allen Gruppen als nicht zu unterschätzendes Problem herausstellte) durchzuführen. Einige Schüler brauchen die Bestätigung, dass sie den Unterrichtsstoff verstanden haben und nur das Tempo im Zusammenspiel nicht sofort halten konnten. Eine solche „Nachhilfe" braucht nur in Ausnahmefällen länger als ein oder zwei Minuten zu dauern.
   Idealerweise könnte eine Unterrichtseinheit etwa folgendermaßen gestaltet werden:
   10 Minuten Vorbereitung (Stimmen der Gitarren und Stühlerücken),
   45 Minuten Unterrichtszeit,
   10 Minuten Nachhilfe.
   Bei einer schlechteren Zeitausstattung empfiehlt sich zuerst eine Kürzung der Kernunterrichtszeit.

2. Zwei-Lehrer-Modell (Teamteaching):
   In einer Kooperation zwischen der Musikhochschule und Domsingschule (katholische Grundschule des Domkapitels) in Aachen wurden verschiedene Unterrichtsmodelle erprobt.
   Sehr gut hat sich dabei das „Zwei-Lehrer-Modell" bewährt. Ein Lehrer führt den Klassenunterricht durch, während ein zweiter Lehrer in einem separaten Raum in kurzen Einzel- oder Kleingruppenunterweisungen von wenigen Minuten Dauer den Stoff der Stunde vermittelt. So wird sichergestellt, dass alle Schüler den neuen Lernstoff verstanden haben. Schüler, die Unterricht versäumt haben, können an den Stand der Gruppe herangeführt werden, aber auch unkonzentrierte Schüler können in der Einzelunterrichtssituation etwas beruhigt werden. Die Aufmerksamkeit ist nach der Einzellektion wieder deutlich größer.
   Viel Beachtung sollte der gegenseitigen Hilfe der Schüler untereinander geschenkt werden. Es ist sehr motivierend, wenn nicht immer nur der Lehrer etwas vormacht.

Das Erarbeiten von Stücken im Unterricht

Das gemeinsame Erarbeiten von Liedern und Übungen im Unterricht ist sicher der Schlüssel zum Klassenunterricht.

Vor jedem neuen Lied sollte das Material – Töne, Rhythmus, Anschlagstechnik – im Sinne von „Was ist neu?", „Was ist bekannt?" gesichtet werden. Orientierungshilfen können dabei die Notenvorstellungen „Töne, die wir üben" und die Anschlagsvorübungen sein.

Schleifen — Als sehr nützlich hat es sich erwiesen, kleine Teile bzw. die Anfänge der Stücke als Schleife spielen zu lassen, bis alle Schüler mitkommen und die Schleife „groovt". Z. B. bei „Morgen kommt der Weihnachtsmann":

Takt 1 & 2:

Takt 3 & 4:

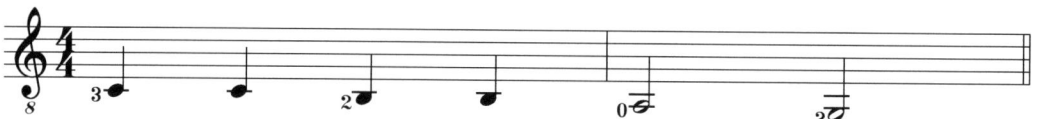

Takt 5 & 6:

Wenn die ersten Takte von allen ausgeführt werden können, bleibt keiner schon am Anfang „auf der Strecke". Die Sicherheit und das Selbstvertrauen wachsen und reichen oftmals aus, das ganze Stück zu erarbeiten. Wenn die Schüler dann noch feststellen, dass sich z. B. das Lied „Morgen kommt der Weihnachtsmann" ausschließlich aus diesen schon geübten Takten zusammensetzen lässt, ist dies ein zusätzliches Aha-Erlebnis und steigert die Motivation. Schüler, die den Einstieg in ein Stück wegen technischer oder rhythmischer Schwierigkeiten nicht finden, verlieren eher die Lust daran bis zum Ende durchzuhalten.

Schleifen helfen auch, neue Techniken vorzustellen und kontrollieren zu können. Z. B. kann der Lehrer zu Beginn der Stunde eine tägliche Übung so lange spielen lassen, bis er einmal alle Schüler am Platz besucht und deren Spiel in Augenschein genommen hat.

Schwierige Stellen — (z. B. S. 44) Bei Schwierigkeiten mit neuen Stücken sollte der Lehrer zunächst taktweise üben lassen. Kleine Übeabschnitte, wie gelegentlich den Stücken vorangestellt, können spontan nach Bedarf erstellt werden. Zum Beispiel ist das Abheben des 2. Fingers in Takt 1 von „The Third Chance" (S. 47) eine große Herausforderung an die Koordination beider Hände. Wird dieses Problem nach dem Üben der rechten Hand alleine auch als Vorübung behandelt, kann das gesamte Stück auf Anhieb gut ausgeführt werden. Reicht das einmalige Üben nicht aus, ist es hilfreich, diese „Problemzonen" mit Bleistift zu umranden oder herauszuschreiben und sie im täglichen Übeplan so lange als „schwierige Stelle" zu führen, bis sie bewältigt sind. Dann können die Schüler diese Umrandungen wegradieren, was als Erfolgserlebnis so unmittelbarer empfunden wird.

Rhythmus   Wenn rhythmische Schwierigkeiten auftreten, hilft es, die Schüler laut mitzählen zu lassen, bis der Rhythmus verstanden ist und sicher angewendet werden kann.
Bei hartnäckigen rhythmischen Problemen kann man zunächst nur zählen und auch klopfen lassen. Nur wenn der Rhythmus richtig verstanden und mitgezählt werden kann, kann er auf der Gitarre richtig gespielt werden.
Weitere Tipps zum Unterricht sind auf die folgenden Erläuterungen verteilt.

Zum 1. Teil

Zum Instrument (S. 5)   Schon vor der ersten Unterrichtseinheit sollte die Spielbarkeit der Instrumente überprüft bzw. für entsprechende Instrumente gesorgt werden.
Wir haben bewusst keine Empfehlung zum Preis des Instrumentes ausgesprochen. Häufig ist der Gruppenunterricht eine Art Schnupperkurs, den viele Eltern bei zu hoher Startinvestition meiden müssten oder würden. Stattdessen raten wir dazu, die Schüler im Freundes- oder Verwandtenkreis nachfragen zu lassen, ob sich nicht eine Gitarre für den Anfang findet. Manche Schulen haben die Möglichkeit, mit eigenen Mitteln oder mit Hilfe von Fördervereinen einige Instrumente anzuschaffen und eventuell ein Mietmodell einzurichten.
Wenn wirklich der Wunsch beim Schüler vorhanden ist und er auch schon eine kleine Ahnung davon hat, wie die Gitarre beschaffen sein, aussehen und klingen soll, kann ein gutes Instrument vom Lehrer empfohlen werden. Der Lehrer sollte aus eigenem Interesse und im Hinblick auf Motivation und Vorwärtskommen seiner Schüler beratend zur Seite stehen. Wer hat schon gerne Schüler mit Instrumenten, die nicht klingen und sich vor allem nicht stimmen lassen?

Das Zubehör   Für Gitarrenanfänger ist es in der Regel unmöglich, eine Gitarre zu stimmen. Da es aber für die Entwicklung eines guten Gehörs unabdingbar ist eine gestimmte Gitarre zu spielen, ist für uns die Anschaffung eines Stimmgerätes obligatorisch. Selbst profilierte Interpreten verwenden diese Geräte zur Basisstimmung vor Konzerten oder CD-Produktionen. Der Lehrer sollte bei der Anschaffung eines geeigneten Gerätes beraten, damit der Schüler aus der unüberschaubaren Vielzahl vorhandener Geräte das richtige für sich findet. In vielen Musikgeschäften ist es wie beim Kauf von Instrumenten möglich, Sammelbestellungen zu einem günstigen Lehrerpreis zu tätigen.
Das Stimmen der Gitarre muss im Unterricht geübt werden. Man kann sich als Lehrer aus der Gruppe immer wechselnde „Assistenten" zum Stimmen der Gitarren wählen, denen man exemplarisch erklärt, wie man stimmt. In der nächsten Stunde geschieht das Gleiche mit anderen Schülern. Nach einer Weile wird dann jeder fähig sein, die Gitarre selbst zu stimmen, was wiederum dem Ablauf der Stunde gut tut. Bis die Schüler aber so weit sind, die Gitarren selbst zu stimmen, kann man alternativ die Instrumente vor dem Unterricht in einem Stimmzimmer sammeln und stimmen.

Die Tasche oder der Koffer ist für die Schüler durchaus wichtig. Eine „uncoole" Hülle, die von Klassenkameraden abwertend kommentiert wird, unterstützt nicht gerade den Weg zum Instrumentalunterricht. Auch hier sollte der Lehrer beratend zur Seite stehen.

Eine Musizierecke mit Noten- und Gitarrenständer spornt zum Üben an. Wenn erst die Gitarre gesucht und ausgepackt, ein Stuhl bereitgestellt und ein Platz für die Noten gesucht werden muss, dann ist der Übevorsatz vielleicht schon verpufft. Ein Gespräch mit den Eltern kann hier für beide Seiten, Lehrer wie Schüler, sehr hilfreich sein.

Der Saitenmerksatz (S. 6)

„Es hat geregnet du alter Esel!" folgt der Nummerierung der Leersaiten von 1 bis 6 (siehe auch Verpackungen von neuen Saiten).

Der weit verbreitete und gerne von Schülereltern angebrachte Satz „Ein Anfänger der Gitarre habe Eifer." beginnt mit der sechsten Saite und führt immer wieder zu Verwirrungen.

Unser Merksatz soll dazu anregen, eigene Sätze zu erfinden. Vielen Schülern macht es Spaß einen eigenen Satz zu suchen, der dann sicher gleich im Kopf behalten wird.

Die Haltung (S. 7)

Sehr wichtig ist die Einnahme einer guten Spielposition des Körpers, der beiden Hände und Arme. Oftmals entscheidet der erste Kontakt über Lust oder Unlust ein Instrument zu lernen. Der Markt hält mittlerweile eine Reihe von Alternativen zur Fußbank (s. S. 5) bereit. Da manche Schüler bei Verwendung der Fußbank Rückenschmerzen bekommen, ist es ein Muss, auch auf diese Alternativen hinzuweisen. Gerade in den ersten Unterrichtsstunden sollte sehr viel Zeit auf die Einnahme einer funktionellen Haltung verwandt werden. Man kann einzelne Schüler, die eine sehr gute Haltung haben, nach vorne holen und sie befragen, worauf sie achten. Dadurch erklären sie mit ihren Worten, was ihnen wichtig ist.

Am Anfang ist es für die Schüler besser, in sehr kurzen Zeiteinheiten zu üben. Z. B. ein Stück oder Abschnitt üben, dann kurz aufstehen, ein paar Schritte gehen und dann wieder die richtige Position an der Gitarre zum Üben einnehmen. Dadurch wird vermieden, dass sie zu lange in einer ungünstigen Haltung sitzen.

Das häufige Einnehmen der richtigen Haltung in kurzen Intervallen sorgt dafür, dass sie schnell zur Gewohnheit wird. Neben dem „Was" zu üben ist, sollte immer auch das nötige „Wie" erklärt werden.

Der Daumenanschlag

Sehr viel Wert wird auf den Daumenanschlag gelegt. Er ist das Fundament des Klanges und bestimmt sehr stark die Stabilität der Hand. Immer wieder sollte auf die „X-Stellung" von Daumen und Zeigefinger, die der Schüler aus seiner Perspektive sehen kann, hingewiesen werden. Dadurch sollen Fehler in der Ausübung, wie z. B. der falsche „Daumen-Innen-Anschlag", der die Bewegungsfreiheit der Finger der rechten Hand einschränkt und dadurch ein Vorwärtskommen verhindert, vermieden werden.

richtig

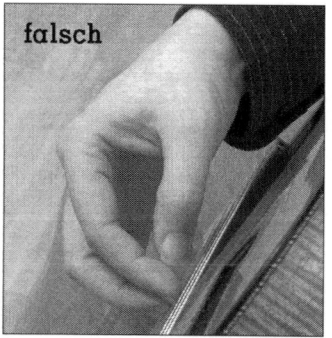
falsch

Der Daumen darf den Zeigefinger berühren. Wichtig ist allerdings, dass die Bewegung des Daumens nicht abgebrochen wird, sondern der Beugemuskel seine Arbeit beendet, bevor der Strecker den Daumen zurück zum Anschlagspunkt holt. Wenn man die Bewegung unterbricht, bevor sie zu Ende ist, lässt man die zwei Muskeln gegeneinander arbeiten, was nicht nur den Ablauf stört, sondern auch zu Gesundheitsschäden führen kann.

Die Schüler sollten von Anfang an dazu angehalten werden, sich Bewegungsgefühle zu merken und zu übertragen. Jeder Schüler sollte einmal einen Ball in der Anschlagshand halten und anschließend die Spielposition einnehmen. Dieses Gefühl hilft die Hand rund zu halten, was die Finger in die für den Anschlag günstigste Ausgangsposition bringt.

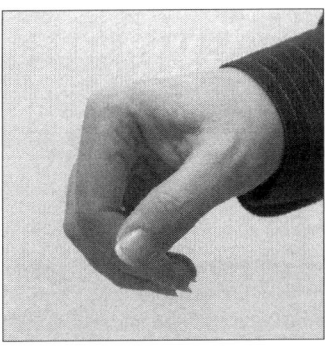 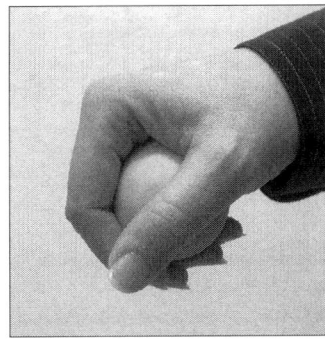 

Die Fotos Auf den Fotos sind deutlich längere Nägel an der Anschlagshand zu erkennen. Bei einer Frage seitens der Schüler sollte der Lehrer erklären, dass man ab einem gewissen Fortschritt die Konzertgitarre häufig mit Nägeln an der rechten Hand spielt. Ein Anfänger kann sich damit aber sehr viel Zeit lassen.

Wenn auch die Nägel der Anschlagshand bei Gitarristen lang sein können, die Nägel der Greifhand dürfen es nicht sein. Hier kann ein gelegentlicher Hinweis, sie kurz zu halten, nicht schaden, denn mit zu langen Nägeln kann man die Fingerspitzen nicht so steil wie nötig aufsetzen.

Die Noten (S. 9) Notenkenntnis bedeutet im westlichen Musikverständnis nach wie vor den Eintritt in das aktive Musizieren. Deshalb nimmt die Vermittlung der Noten einen großen Raum in der vorliegenden Schule ein. Um die weit verbreitete Angst vor Noten zu umgehen, wurden die ersten einfachen Übungen im Daumenanschlag in Buchstaben aufgeschrieben. Danach erfolgt die Vorstellung in Noten; dabei stellt sich häufig ein Überraschungseffekt bei den Schülern ein, indem sie erkennen, dass Noten doch nicht so kompliziert sind.

Da im Gruppenunterricht vieles verbal vermittelt wird und der direkte Augenkontakt sehr wichtig ist, wird im Unterricht das Notenlernen nicht immer gefördert. Die Übungen und Quizfragen sollten daher immer ausgeführt bzw. beantwortet werden, denn sie helfen auf spielerische Art und Weise die empfundene Hürde des Notenlesens zu meistern.

Die Vorstellung der Noten in Diagramm, Notenbild und Foto, z. B.

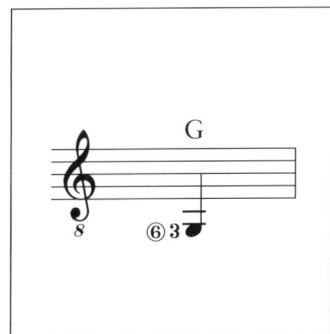 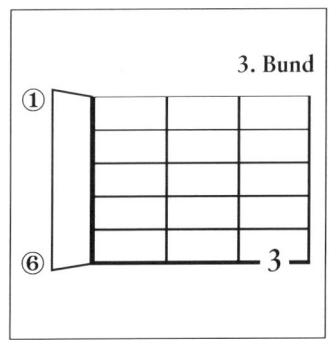 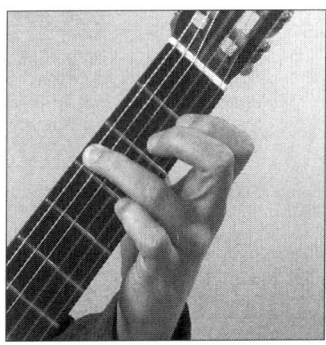

sollte im Unterricht unbedingt nachhaltig erklärt werden, denn nur durch deren Verständnis ist der Schüler in der Lage, im Bedarfsfalle zu Hause eine vergessene Note nachzuschauen.

Das Einlegeblatt mit einer Aufstellung der Stammtöne in der ersten Lage darf als Hilfe immer bereitliegen. Eine Note zu vergessen ist so lange kein Problem, wie man sich in einem solchen Fall zu helfen weiß. Bei Verlust dieses Blattes lässt es sich noch einmal kopieren (S. 132). Und noch ein Tipp dazu: Wenn dieses Blatt laminiert wird, hält es deutlich länger.

Die neuen Töne Damit den Schülern die gelernten Töne im Gedächtnis bleiben, wurden Tonfolgen unter die Vorstellung der neuen Töne gesetzt. Der jeweils neue Ton ist durch einen Rahmen kenntlich gemacht, um die Erweiterung des bisherigen Notenbildes auch räumlich erfassen zu können und den neuen Ton im Zusammenhang mit den alten zu sehen.

Die Töne, die wir üben

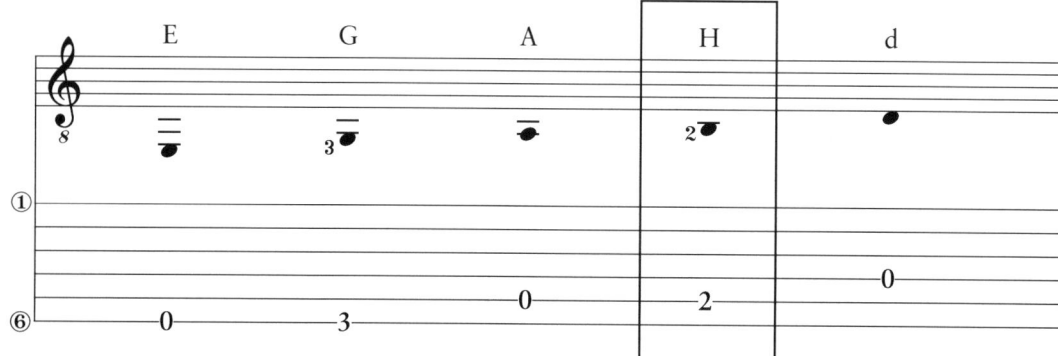

Schlechte Notenkenntnis kann die Fortschritte der Schüler sehr stark hemmen. Wenn z. B. ein Akkord nur durch Abschauen gelernt wird, kann sich das heimische Üben und die Befähigung, selbstständig und ohne Anleitung durch den Lehrer Neues zu erlernen, nicht entwickeln. Der oftmals zu große Respekt vor der Notenschrift sollte einem natürlichen, spielerischen und selbstverständlichen Umgang weichen.

Der Lehrer kann den Schülern frühzeitig empfehlen, nicht immer starr auf die gerade zu spielende Note zu schauen, sondern, wie beim guten prima-vista-Spiel, vorausschauend den Notentext zu lesen. Also immer schon die zweite Note oder Notengruppe im Blick haben, während man die erste ausführt. Dies ist dem normalen Lesen durchaus vergleichbar, bei dem die Augen ebenfalls dem Verständnis einen Schritt voraus sind.

Schnell auswendig zu spielen, ist hier nicht unbedingt vorteilhaft. Die Schüler verlassen sonst zu früh das Notenbild, wodurch sich die Noten wiederum nicht genügend festigen. Wenn „der Faden reißt" und die entsprechende Stelle nicht gleich gefunden wird, kommt es leicht zu einem holprigen Spiel ohne Puls und Rhythmus.

Die Volkslieder (S. 11-14) Wir waren bemüht, gerade anfangs viele bekannte Melodien einzubringen, weil nur so für die Schüler eine Selbstkontrolle (und Hilfe im Elternhaus) möglich ist. Unbekannte Melodien in der zunächst fremden Notenschrift können nur schwierig begleitet und bei Fehlern im Rhythmus und Tönen selbstständig korrigiert werden. Zum Mitsingen wurden Melodie und Text den Liedern angefügt. Die kleingedruckten Noten werden nicht von den Schülern gespielt.

Die Lernschritte Schon im ersten Kapitel zeigt sich ein sehr wichtiges Kriterium der vorliegenden Schule: Die Lernschritte sind so klein und überlagernd gewählt, dass mögliche

Fehlstunden einzelner Klassen- bzw. Gruppenmitglieder ohne häufiges Wiederholen aufgefangen werden können. Natürlich besteht auch umgekehrt die Möglichkeit einzelne Übungen auszulassen, wenn der jeweilige Lernstoff verstanden ist.

Orientieren sollte sich der Lehrer immer an dem Verhalten der Schüler. Langeweile verlangt ein schnelleres Vorgehen, Überforderung ein langsameres.

Der Akkordanschlag (S. 15)

 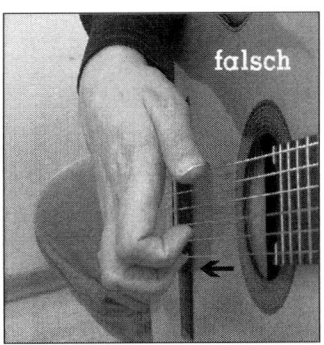

Der Akkord-/Kontrollanschlag orientiert sich am Greifreflex der Hand. Die Hinweise zur Ausführung helfen die Bewegung an den Saiten korrekt auszuführen.

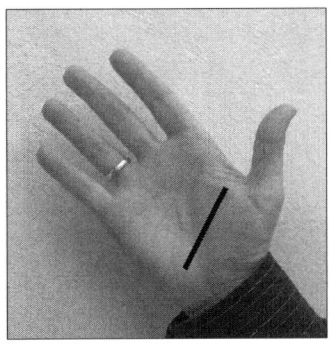 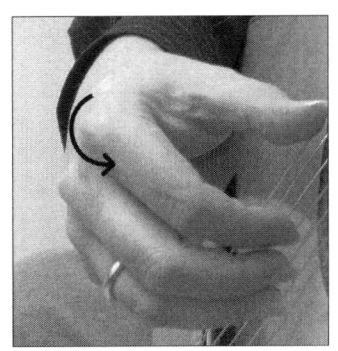

Eine wichtige Rolle bei der Vorstellung eines richtigen Bewegungsablaufes stellt die imaginäre Linie im Handteller dar (s. S. 15). Sie kann nur „getroffen" werden, wenn aus dem Grundgelenk heraus angeschlagen wird, was für die Präzision und Schnelligkeit der Bewegung unbedingt wichtig ist. Die Linie im Handteller soll nur angestrebt werden, berührt werden muss sie nicht.

Nach der Erklärung der Bewegung und Darstellung ohne Noten auf Seite 15 f., sollten die Noten dazu ausführlich besprochen werden.

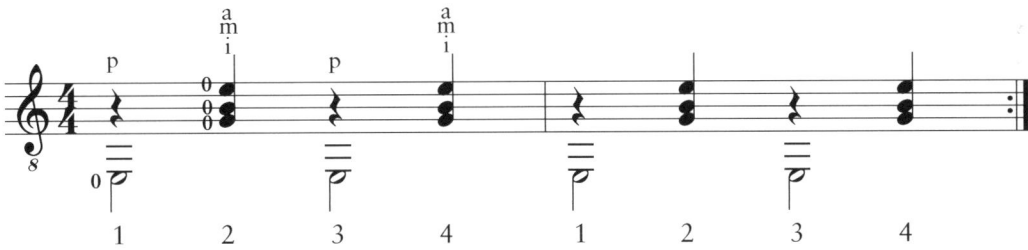

Die ersten Übungen mit diesen neuen Tönen können die Schüler verleiten, sich die Noten der 3 Diskantsaiten nicht wirklich einzuprägen, sondern nur manuell auszuführen.

Dieses und auch die weiteren Anschlagsmuster der rechten Hand sollen immer an den Leersaiten gut geübt werden, weil sie die Anknüpfung für neue Lehrinhalte sind.

Linke-Hand-Übungen
Die Fingergymnastik auf Seite 18 dient der Vorbereitung auf die Arbeit der Greifhand. Zunächst ist es nicht wichtig, dass immer der richtige Bund und die richtige Saite getroffen werden, entscheidend ist die Vorbereitung auf den Bewegungsablauf der Finger beim Greifen der Töne.

Wenn Schüler Schwierigkeiten haben, den Griff so einzunehmen, dass jeweils ein Finger in einem Bund greift, empfiehlt es sich, dem Schüler einmal die Möglichkeit aufzuzeigen, zunächst den 4. Finger, also den kürzesten und schwächsten Finger, und dann erst die anderen Finger aufzusetzen. Somit kann zuerst der kleine Finger die für ihn beste Position einnehmen und danach suchen sich die stärkeren Finger ihre Position.

Man kann die Schüler dazu anregen, ähnliche Klopfübungen zu entwickeln. Die Bewegungen der linken Hand lassen sich auch ohne Gitarre üben. Auf der Tischplatte kann man versuchen nur mit einem einzelnen Finger – ohne die Hilfe der Hand – ein kräftiges Klopfgeräusch zu erzeugen. Die Übungen können über einige Tage oder Wochen als zusätzliches tägliches „Warm-up" ausgeführt werden.

Ferner sollte verstärkt darauf hingewiesen werden, dass die Schüler mit den Fingerspitzen greifen und nicht mit der Seite des Fingers, damit später bei komplexeren Griffen nicht aus alter Gewohnheit die Nachbarsaiten berührt und damit fälschlicherweise gedämpft werden.

Zum 2. Teil

Im 2. Teil werden die neuen Töne anhand der mit Leersaiten geübten Anschlagsformen vorgestellt und geübt. Dabei hören und produzieren die Gitarrenanfänger von Anfang an den typischen Gitarrenklang und nicht die gezupfte Ausgabe einer Blockflöte. Das einstimmige Melodiespiel ist nicht unbedingt eine Domäne der Gitarre. Dagegen ist die gitarrentypische Zerlegung in kleinere Notenwerte viel idiomatischer und entspricht der Hörgewohnheit. Eine halbe Note kann auf der Gitarre viel eher verstanden werden, wenn sie von Achtelnoten begleitet wird.

Die gleichmäßigen Rhythmen sind ein wesentliches Element dieses Unterrichtswerkes. Wenn die Schüler lernen gleichmäßig zu spielen, was ja nicht selbstverständlich ist, hat man eine Grundlage für „Synkopen" oder kompliziertere Rhythmen.

Gerade wenn die ersten Griffe geübt werden, wird von den Schülern die Anschlagshand etwas vernachlässigt. Aus diesem Grunde sollte der Kontrollanschlag, wie auf Seite 15 vorgeschlagen, immer wieder (vielleicht zu Beginn der Unterrichtsstunde) gespielt werden.

Dämpfen von Saiten

Der erstmals auf S. 21 auftretende Hinweis, die Finger wieder abzuheben, wenn der entsprechende Ton nicht klingen soll, ist in zweierlei Hinsicht sehr wichtig für das Gitarrenspiel. Zum einen vermeidet man eine Überanstrengung der Greifhand, da gerade am Anfang mit zu viel Kraft die Finger auf die Saiten gesetzt und liegen gelassen werden. Zum anderen sorgt das Abheben dafür, dass keine harmonischen Reibungen erklingen, vor allem wenn gegriffene Töne in die Töne der Leersaiten klingen. Diese „passive" Form des Dämpfens ist sehr leicht und auch für Anfänger umsetzbar. Wogegen das Stoppen von Leersaiten („aktives" Dämpfen) nicht im Anfängergruppenunterricht erarbeitet werden kann, da die Anforderungen an die Koordination so komplex sind, dass sie ein flüssiges Spiel erschweren oder gar unmöglich machen. Bei Bedarf und Interesse kann der Lehrer die entsprechenden Hinweise geben, wobei zunächst das Stoppen mit der rechten Hand bzw. ihren Fingern behandelt werden sollte.

„Try It With Variations"

Die verschiedenen Variationen zu „Try It With Variations" (S. 21-23) können untereinander kombiniert werden. Bei der Ausführung der Kombinationen p-i, p-m, p-a muss darauf geachtet werden, dass die Schüler keine falsche Anschlagsbewegung ausführen. Falsch in dem Sinne, dass die Bewegung nicht aus dem Grundgelenk ins

Handinnere erfolgt und/oder der Finger die Saite nach oben „wegreißt" (s. Bild S. 121). In diesem Falle hilft es, die Daumen- und Einzelfingeranschläge im Wechsel mit dem p-ami-Anschlag zu spielen.

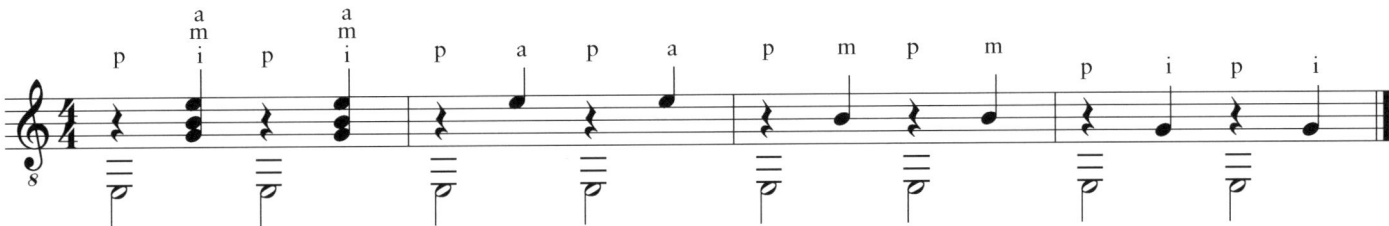

Kammermusik	Sehr bald erscheinen Stücke zum gemeinsamen Musizieren, wobei anfangs bewusst dem zweistimmigen Spiel Vorrang gegeben wurde. Zusammenspiel macht nicht nur Spaß, sondern fördert auch das Hören und die rhythmische Präzision. Daher sollten die Spielstücke unbedingt mit verteilten Stimmen durchgenommen werden. Jeder aus der Gruppe sollte im Unterricht alle Stimmen kennen lernen. Bei Vorspielen sollte allerdings nur eine Stimme verlangt werden, damit die Schüler sich zusätzlich zur Vorspielsituation nicht überfordert fühlen.
Der Ton „e" (S. 29 f.)	Hier ist dringend darauf hinzuweisen, dass der Ton „e" mit dem 2. Finger so zu greifen ist, dass die g-Saite nicht gedämpft wird. Auf das steile Aufsetzen der Fingerspitzen ist zu achten, eventuell muss an das Kürzen der Fingernägel der linken Hand erinnert werden.
„Stairways Up" (S. 31 f.)	Die Variation 4 zu „Stairways Up" lässt sich von den Schülern leichter umsetzen, wenn sie einmal in etwas höherem Tempo, als dem zu bewältigenden, vorgespielt wird. Dadurch wird an vorhandene Hörgewohnheit angeknüpft, denn der Rhythmus ist in der aktuellen Musik recht häufig und daher den Meisten vertraut. Gerade bei diesem Stück entwickeln viele Schüler einen besonderen Ehrgeiz, den man unbedingt ausnutzen sollte.
„Don't Panic" (S. 34)	Bei Anfängern entsteht durch den Anblick von kleinen Notenwerten der Wunsch, schnell zu spielen, oder die Sorge, schnell spielen zu müssen. Hier kann das gemeinsame Üben des Vorzählens sehr hilfreich sein, das richtige Tempo zu finden. Denn wenn die Schüler erkennen, dass sie selbst für das Tempo eines Stückes verantwortlich sind, wird die falsche „Ehrfurcht" vor Achtelnotenwerten sehr schnell verschwinden. Diesen Effekt kann der Lehrer durch langsames Vorzählen der Achtelversion und entsprechend schnelles Vorzählen der Viertelversion anschaulich demonstrieren.
Zu den Namen der Stücke	Heute haben schon Dritt- und Viertklässler Englisch in der Schule. Englische Titel sind häufig griffiger und witziger und haben oft einen Hintersinn ohne zu lang zu sein.
Tempo	Was ist das „richtige Tempo"? Das richtige Tempo ist immer das, in dem der Schüler die Noten (das Stück) beherrscht und nicht umgekehrt. Darauf ist immer zu achten, denn ein Schüler, der als Anfänger viele Dinge auf einmal beachten muss, kann oft nicht erkennen, dass ein neues Stück für ihn nicht zu schwer, sondern lediglich das Tempo für den momentanen Stand zu schnell ist. Tritt diese Situation zu häufig auf, macht sich das auf den Fortschritt mehr als nur „bremsend" bemerkbar. Die Motivation kann vollständig „verrauchen".

Vielen Schülern hilft die Empfehlung, dass sie jedes Stück spielen können, wenn sie sich im Notfall eine halbe Stunde Zeit nehmen, um von Viertel zu Viertel zu gelangen.

Der Übeplan (S. 35)   Als Lehrer darf man nicht selbstverständlich davon ausgehen, dass die Schüler immer üben. Leider fällt weniges oder kein Üben in der Gruppe nicht so schnell auf wie im Einzelunterricht. Gerade deshalb sollte auf die Unverzichtbarkeit des regelmäßigen Übens zur Erlangung von instrumentalen Fähigkeiten immer hingewiesen werden. Werbeslogans wie „Gitarre lernen ohne Üben" oder „Lern Gitarre in 60 Minuten" sollten als falsche Versprechungen enttarnt werden. Schulkinder und Erwachsene wissen doch eigentlich, dass sie in ihre Schulnoten oder in neue Fertigkeiten Zeit investieren müssen.

Die täglichen Übungen sind sehr nützlich, Gewohnheiten zu schaffen. Jeden Tag die gleiche Übung zu spielen, sorgt für Sicherheit und Vertrauen in das eigene Spiel. Denn nur wenn man über einen längeren Zeitraum bestimmte Bewegungsabläufe übt, lässt sich feststellen, ob sie leichter fallen bzw. schneller gehen. Diese Übungen können auch zum Einspielen genommen werden, sie sind ein guter gemeinsamer Start in den Unterricht. Die Schüler beginnen mit etwas Vertrautem, Muskeln und Sehnen kommen auf Betriebstemperatur.

Mit Datum versehen wird die tägliche Übung für die Schüler zum Gradmesser ihres eigenen Fortschritts. Die erlernten Fertigkeiten müssen dann nur noch in den Spielstücken angewendet werden, was die Lernphasen deutlich verkürzt.

Es ist bekannt, dass die Zeit, die ein Schüler auf ein weiteres Hobby verwendet/verwenden kann, begrenzt ist. Daher ist es wichtig, diese Zeit sinnvoll zu nutzen. Damit auch ein Anfänger zu einer zielorientierten, guten Arbeitsweise kommen kann, wurde die Übetabelle angefügt. Diese kann nach Bedarf kopiert werden. Zielorientiert heißt, schnell zu den Stücken oder der Musik zu gelangen, die man gerne hören und spielen möchte. Viele Schüler spielen nur die Dinge auf der Gitarre, die ihnen leicht fallen oder die sie schon können. Damit ist kein Fortschritt zu erzielen. In der Tabelle haben wir die Punkte aufgelistet, die als Mindestanforderung zu üben sind. Dies sind nur Vorschläge, die der Lehrer nach Bedarf ergänzen oder in einigen Punkten ersetzen kann und muss. Oftmals ist schon das Ausführen eines Häkchens hinter einer Arbeit eine nicht zu unterschätzende Motivation.

Der Em-Akkord (S. 36)   Bei Einführung des vollständigen E-Moll-Akkordes sollten die Schüler auch einmal die umgekehrte Greifweise versuchen, also mit dem 2. Finger das „e" auf der d-Saite und mit dem 3. Finger das „H" auf der A-Saite, damit von jedem einzelnen die günstigere Handstellung erfahren werden kann. Um diese grundsätzliche Handstellung noch deutlicher zu machen, kann auch A-Dur in umgekehrter Fingeranordnung gegriffen werden.

 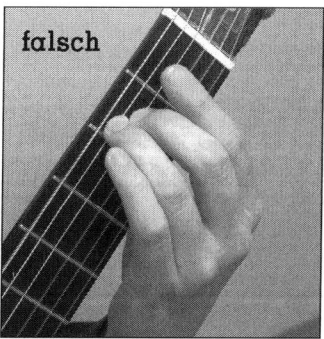 E-Moll

 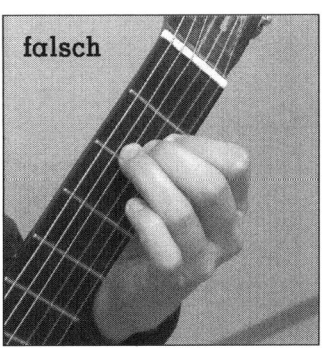

A-Dur

Beim Anschlag des Akkordes sollte auf einen ausgewogenen Klang geachtet werden. Da hier zum ersten Mal das vollständige „Durchstreichen" der 6 Saiten erfolgt, kann die Weiche für alle späteren Ausführungen gelegt werden. Der Lehrer sollte darauf achten, dass der Klang nicht zu „ruppig" ist, also nicht zu viel Kraft angewendet wird. Ferner ist darauf zu achten, möglichst alle Saiten zu treffen und nicht nur die Bass- oder die Diskantsaiten.

Der Anschlag sollte parallel zum Steg erfolgen, damit nicht verschiedene Klangfarben in dem Anschlag aufeinander treffen. Viele Schüler beginnen den Anschlag am Schallloch und beenden ihn am Steg. Das Ziel ist aber ein ausgewogener Klang.

Die Akkordbegleitung Die Akkordbezeichnungen finden sich von Anfang an über den Stücken. Sie sollen natürlich erst von der Gruppe behandelt werden, wenn sie bekannt sind. Dazu ist es notwendig, gelegentlich zu den Anfangsstücken zurückzukehren.

Ein toller Nebeneffekt ist dabei das Erstaunen der Schüler, wenn sie zu ehemals schwierigen Stücken zurückkehren und dann feststellen, dass ihnen diese Stücke nun leicht fallen.

Unvollständige Akkorde Die Akkorde sind je nach Bedarf vollständig oder unvollständig zu greifen. Werden die Akkorde nicht komplett angeschlagen, besteht auch kein Grund, alle Töne zu greifen. Für das Verständnis von Bewegungsabläufen der linken Hand, als eine der Grundlagen des Gitarrenspiels, ist eine Unterscheidung von vollständigen und unvollständigen Akkorden unbedingt erforderlich. Der Schüler soll also nicht aus vermeintlicher Bequemlichkeit heraus z. B. den Em-Akkord in der vollständigen Version greifen, wenn er nur die sechste Saite und die leeren Diskantsaiten braucht. Beide Versionen zu kennen, bedeutet nicht, den Kopf mit zusätzlichem Material zu überfordern. Im Gegenteil: Jede Ergänzung, jeder Querverweis, jede zusätzliche Information festigt das Gelernte nur noch mehr. Ein Schüler, der vielleicht drei Griffvarianten zu einem Akkord lernt, hat bessere Chancen alle drei zu behalten als ein Schüler, der nur eine lernen soll. Abgesehen davon, ist ein unvollständiger Akkord immer mit weniger Finger zu greifen, was wiederum die Hand entlastet.

Akkordwechsel Es soll bei Akkordwechseln immer auf die gemeinsamen Töne hingewiesen werden. Die Finger, die diese Töne greifen, müssen unbedingt liegen bleiben.
Z. B. Wechsel C-Dur – A-Moll:

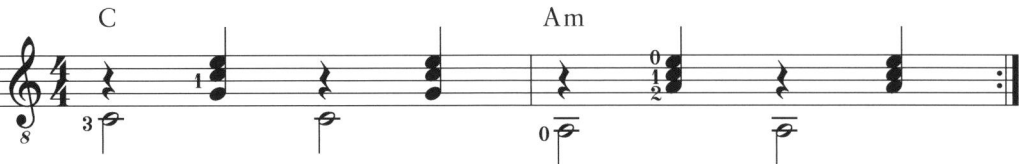

Der erste Finger bleibt während der ganzen Übung liegen. Der 3. und der 2. Finger wechseln sich ab.

Auch wenn sich zunächst die Anforderung an die Kontrolle der Finger nur mit Schwierigkeiten zu meistern lassen scheint, bietet diese Technik doch ein hohes Maß an Sicherheit und Präzision. Der Nutzen dieser Technik überwiegt bei weitem den nötigen Arbeitsaufwand.

Außerdem sind die Schüler zu diesem Zeitpunkt schon recht vertraut im Greifen und die Annäherung an komplexe Akkordfolgen verläuft progressiv aufbauend.

F-Dur (S. 65 f.) F-Dur ist und bleibt eine sehr große Hürde für jeden Schüler. Die aufgezeigte Übung (S. 66) hilft, die notwendige Beweglichkeit im ersten Gelenk zu trainieren. Um Schmerzen zu vermeiden, soll im Unterricht darauf hingewiesen werden, dass diese Dehnübung nicht zu lange hintereinander geübt werden darf. Wie immer bringt auch hier mehrmals kurzes und konzentriertes Üben mehr. Die Schüler, die zunächst Schwierigkeiten mit dem vollständigen F-Dur-Akkord haben, können den unvollständigen Akkord so lange greifen, bis sich die Finger bzw. Muskeln und Sehnen weit genug entwickelt haben. Hier unbedingt darauf achten, dass keine Frustration und auf keinen Fall ein Minderwertigkeitsgefühl bei diesen Schülern entsteht.

G7 – C (S. 67) Schwierige Akkordwechsel lassen sich meistern, wenn sich die Schüler die Fertigkeit, mehrere Finger gleichzeitig zu wechseln, in Etappen aneignen. Beim Wechsel von G7 nach C hieße das konkret, eine Griffwechselübung so zu gestalten, dass zuerst der 3. Finger vom G zum c, dann der 2. Finger von H nach e und schließlich der 3. Finger von f' nach c' wechselt. Wenn der Wechsel der einzelnen Finger funktioniert kann man 2 Finger gleichzeitig wechseln lassen, also erst die Finger 3. und 2. gemeinsam von G, H nach c und e, und dann den 1. Finger von f' nach c', oder Finger 3 von G auf c und anschließend die Finger 2 und 1 gemeinsam von H, f' nach e und c'. Gelingen auch diese Wechsel, kann mit allen dreien gleichzeitig geübt werden. Diese Wechselübungen können natürlich auch umgekehrt von C nach G7 und bei anderen Akkordverbindungen angewendet werden.

Zum 3. Teil

Der Wechselschlag ist eine Grundtechnik des Gitarrenspiels. Die richtige Ausführung sollte gerade am Anfang beachtet werden. Wenn einmal das Prinzip des Alternierens der Finger ins Bewusstsein der Schüler übergegangen ist, wird er meist richtig angewendet.

Hier kann der Vergleich zum Gehen herangezogen werden. Wie mit unseren Beinen abwechselnd links und rechts, so „gehen" die Finger „i" und „m" abwechselnd über die Saiten. Allen Schülern, die beharrlich nur mit einem Finger (i oder m) anschlagen, sollte man die Frage stellen, ob sie schneller mit beiden Beinen vorwärts kommen oder auf einem Bein.

Für alle Aspekte der Technik gilt, dass die korrekte Art genauso angenommen werden kann wie die falsche. Hier ist der Lehrer und seine Beharrlichkeit gefragt.

Apoyando – Tirando Die Empfehlung, den Wechselschlag im Apoyando auszuführen, ist als Vorschlag zu verstehen. Oft bevorzugen die Schüler ganz intuitiv eine der beiden Anschlagsarten.

An dieser Stelle sollte jedoch auf die beiden grundsätzlichen Möglichkeiten des Anschlages hingewiesen werden. Nachdem in den vorangegangenen Stücken nur der freie Anschlag zur Anwendung gekommen ist, bietet es sich an, die folgenden Melodien im Apoyando zu spielen.

Haltungsänderung

Damit die Schüler den für das Apoyando notwendigen spitzeren Winkel der Finger zu den Saiten einnehmen können, ist auf eine flachere Handstellung hinzuweisen.

In den Übungen zu den Saitenübergängen sollen die Schüler angeleitet werden, die Systematik „i" zu „m" aufwärts und „m" zu „i" abwärts zu verwenden, was später für schnelle Läufe sehr wichtig ist:

Melodie und Akkorde

Das Melodiespiel im Wechselschlag auf den Diskantsaiten wird kombiniert mit den bekannten Zerlegungen und Akkordanschlägen. Die neuen Melodietöne ergänzen natürlich auch die neuen Akkorde. Diese werden nun im Kontext der Hauptakkorde einer Tonart vorgestellt.

Die Schüler, wie in einigen Beispielen („Aicha" etc.) gezeigt, können darauf aufmerksam gemacht werden, dass diese Harmoniefolgen, die sie mittlerweile spielen können, häufig Abfolgen in bekannten Popsongs sind. Eine gemeinsame Aufbereitung eines populären Liedes im Unterricht wirkt sich positiv auf die Übemotivation aus. Bei jedem neuen Stück sollten die Akkorde noch einmal einzeln behandelt werden, um sicherzustellen, dass die Schüler alle Griffe kennen. Anschließend werden die einzelnen Wechsel geübt, bevor die Akkordbegleitung ganz gespielt wird.

Die Begleitung

Zu vielen Stücken gibt es alternative Begleitmöglichkeiten. Diese sollten möglichst alle probiert werden. Der Lehrer kann die Schüler nach ihrer persönlichen Lieblingsbegleitung und der Begleitung fragen, die am besten zum Charakter des Stückes passt.

So What? (S. 84)

Der Aufbau dieses Stückes muss eventuell durch den Lehrer genau erklärt werden: das Solo-Intro der 2. Gitarre, das Hinzukommen der ersten Gitarre in Takt 5 und die Aufforderung durch „Dal Segno al Fine", zum Abschluss noch einmal die Takte 9 bis 16 zu spielen.

Fingergymnastik (S. 85)

Die Fingergymnastik für den 4. Finger trägt zur Erlangung der vertikalen Dehnfähigkeit bei. Beharrlichkeit ist hier gefordert, damit gerade der für einige Schüler anfangs schwierig bis kaum zu greifende G-Dur-Akkord ausführbar wird.

Die Schüler sollten nur so weit die Finger spreizen, wie es ohne Überanstrengung möglich ist. Nach und nach kann ein größerer Abstand vom 4. zum 3. Finger angestrebt werden.

Immer darauf achten, dass der Finger, der sich von dem fixierten Finger fortbewegt, locker ist, denn nur im entspannten Zustand können Sehnen gedehnt und nachhaltig günstig beeinflusst werden.

Um einem Schüler die Dehnmöglichkeiten seiner Hand im gelockerten Zustand vorzuführen, kann der Lehrer einmal die Finger für ihn bewegen. Also mit einer Hand den dritten Finger fixieren und dann mit der anderen den vierten davon wegbewegen.

Der Lagenwechsel (S. 99) Bei Schülern, denen es wie bei „House Of The Rising Sun" schwer fällt das g' auf der ersten Saite mit dem 2. statt dem bisher gewohnten 3. Finger zu greifen, hat sich eine Fingerersatzübung bewährt. Hierbei soll der Schüler das g' zunächst mit dem 3. Finger greifen, dann anschlagen, dann geht der 2. Finger auf das g' und der Ton wird wiederum angeschlagen, schließlich kann auch der 1. Finger den Ton greifen. Die gleiche Übung kann mit dem Ton gis' auf dem vierten Bund und vom 4. Finger ausgehend gemacht werden. Durch mehrmalige Wiederholung und zeitnahes Umgreifen erkennt der Schüler, dass die Finger auf dem Griffbrett austauschbar sind und der entsprechende Ton derselbe bleibt, egal ob mit dem 1., 2., 3. oder 4. Finger gegriffen.

Zum 5. Teil

Je nach Leistungsstand und Übemotivation der Gruppe kann der Lehrer schon zu einem frühen Zeitpunkt die in diesem Teil geführten Solo- und Ensemble-Stücke als Materialergänzung benutzen.

Die Stücke eignen sich auch für Vorspiele, in denen die Gruppe ihre Entwicklung zeigen kann. Gerade die drei- und vierstimmigen Stücke enthalten immer ein bis zwei einfache Stimmen, damit wirklich jeder mitspielen kann.

Hier bietet es sich auch an, erstmals mit Dynamik und Klangfarben zu arbeiten. Begriffe zur Dynamik wie f, mf, p, cresc., decresc. etc. oder zur Klangfarbe wie ponticello, sul tasto etc. und deren Umsetzung können an Vortragsstücken eingeführt werden. Jetzt sind die Schüler auch technisch in der Lage, diese „Würzungen" in ihrer Musik anzuwenden.

Die Lehrer seien zu einem kreativen Umgang mit dem Notenmaterial aufgefordert. Einige kurze Stücke können zu Suiten zusammengefasst, Zwischenspiele eingeschoben, Intros und Outros angefügt, Stimmtausch bei Wiederholungen angewendet und Rhythmusinstrumente hinzugenommen werden. Dem freien Umgang mit dem Notenmaterial in Form und Klang ist keine Grenze gesetzt.

Es empfiehlt sich, z. B. das Intro von „Don't Stop" mit einer kleinen Besetzung zu spielen. Sehr effektvoll ist dazu ein Tutti-Einsatz im A-Teil.

Die Teilnehmer des Gruppenunterrichts sollten sich auch den Solostücken zuwenden, denn oft genug gibt es Gelegenheiten, wo man auch alleine etwas auf der Gitarre spielen kann, darf oder muss, z. B. bei Festen im Familien- oder Freundeskreis, im Urlaub oder falls man sich eine neue Gitarre beim Fachhändler aussucht. Die Situationen, in denen man seine Gruppe nicht um sich herum hat, sind vielfältig.

Zum 7. Teil

Die Stammtöne	Das Einlegeblatt für die Noten hilft, die ersten Hürden im Notenlesen zu nehmen. Die Schüler sollen dazu animiert werden, immer nachzuschauen, wenn sie eine Note vergessen haben oder im Unklaren sind. Dadurch prägen sich über kurz oder lang die Noten sicher ein. Nur wenn der Schüler eine Wissenslücke nicht schließt, in dem Falle eine Note nicht nachsieht, die er nicht mehr im Gedächtnis hat, wird er die Noten nur sehr schwer oder gar nicht behalten können. Das Blatt zeigt die in der Schule behandelten Noten in zwei verschiedenen Darstellungen. Oben hat man zunächst die bekannten Töne im Notensystem und darunter die Angabe, auf welcher Saite in welchem Bund der Ton auf der Gitarre gespielt wird. Die zweite Darstellung kombiniert die Notenschrift mit der Griffbrettdarstellung. Man sieht, wo die im Kreis dargestellte Note auf der Gitarre erzeugt wird. Der Lehrer sollte die beiden Systeme den Schülern vorstellen, damit sich jeder das für ihn geeignete aussuchen kann.

In der heutigen Pädagogik weiß man, dass es verschiedene Lerntypen gibt und jeder Mensch seinen individuellen Weg hat, neues Wissen abzuspeichern.
Manchmal hilft es einem Schüler den Lernstoff selbst geschrieben zu haben, um ihn dauerhaft zu speichern. Auf den Seiten 136 f. haben wir alle Stammtöne, die in dieser Schule auftreten jeweils in ein Notensystem eingetragen. Hier findet sich genügend Platz, um die jeweilige Note mehrmals zu schreiben. Diese Möglichkeit sollten alle Schüler nutzen, nicht nur um die betreffende Note zu lernen, sondern auch um das Notenschreiben zu üben.

Die Akkorde	Dieses Einlegeblatt enthält die in der Schule behandelten Hauptakkorde der ersten Lage. Das kleine Akkordrepertoire wurde durch H7 ergänzt. Damit sind die Schüler in der Lage, viele bekannte Lieder zu begleiten.
Die freien Griffdiagramme können für neue Akkorde verwendet werden.

Zur beiliegenden CD

Viele Übungen und Stücke der Gruppenschule sind auf der CD eingespielt. Wegen des zeitlichen Limits und der maximalen Einteilung in 99 Tracks wurde weitgehend auf Wiederholungen verzichtet, zusammenhängende Stücke oder Übungen unter einer Nummer zusammengefasst, verschiedene Begleitformen hintereinander gespielt und von Stücken sowie Variationen ähnlichen Charakters nur eine Fassung aufgenommen. Bei den Stücken mit Begleitung kann man durch Ausblenden des rechten oder linken Kanals nur die Stimme hörbar machen, die man üben oder begleiten möchte.
Wenn die Schüler mit der CD Begleitungen von Liedern üben, begleiten sie in einer Anschlagsform, und nicht, wie es bei der Einspielung bei einigen Stücken aus Zeitmangel sein musste, mit einer Kombination aus mehreren.

Die Gitarren sind auf a'=440 Hz gestimmt, vor den Stücken gibt ein Einzähler das Tempo an.

Die CD ist bewusst „authentisch" eingespielt. Auf beschönigende Rhythmus- und Basssektionen wurde verzichtet, um den Schülern ein realistisches Klangbild zu präsentieren. Die CD sollte nur dem häuslichen Üben dienen und nicht im Unterricht als Ersatz für gemeinsames Musizieren der Schüler untereinander oder mit dem Lehrer. Die CD kann diese Idealform im Unterricht nur als eingeschränkten Ersatz nach Hause transportieren.

Die Arbeit mit der CD sollte natürlich einmal im Unterricht geübt werden, damit sie auch zu Hause richtig genutzt werden kann.

Ausblick

Nach Abschluss dieses Buches wird „Abenteuer Gitarre" von Jens Kienbaum, ebenfalls im AMA Verlag erschienen, empfohlen. Die anfänglich kurz auftretenden Überschneidungen können als Wiederholung sehr schnell durchgenommen werden. Näheres zum Inhalt siehe S. 143.

7. Teil
Anhang

Wechseln der Saiten

Neue Saiten bewirken manchmal Wunder. Die Gitarre klingt gleich viel voller und brillanter.

Es empfiehlt sich, beim Wechseln nicht alle Saiten auf einmal auszutauschen, sondern einzeln oder die 3 Basssaiten und dann die 3 Diskantsaiten.

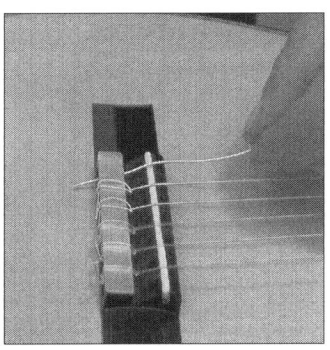 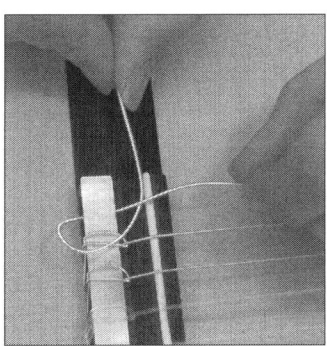 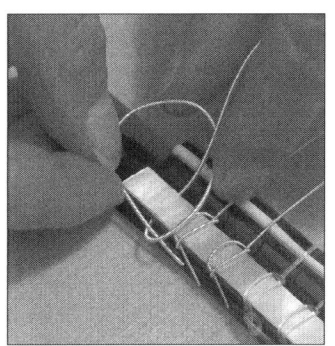 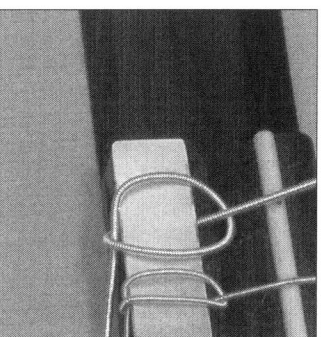

Nachdem die Saite abgenommen ist, führen wir die neue Saite vom Schallloch her durch die Bohrung, dann kreuzen wir das Ende hinten am Steg.

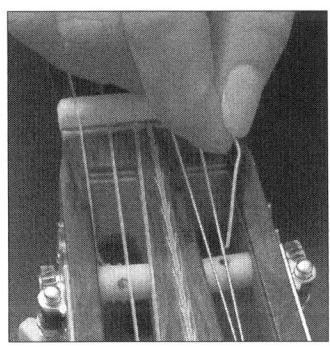 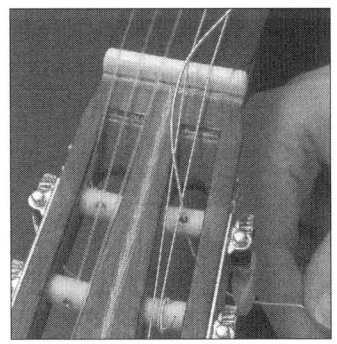 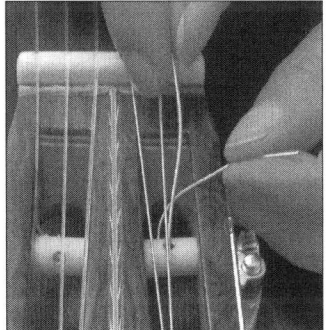 

Das andere Ende führen wir durch den entsprechenden Wirbel der Mechanik am Kopf, kreuzen auch hier das Ende, drehen dann den Wirbel, um die Saite zu spannen/stimmen.

Stimmen der Gitarre

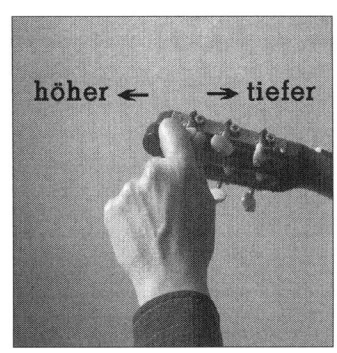

Zum Stimmen dient uns, bis sich unser Gehör genügend entwickelt hat, ein Stimmgerät (s. S. 6).
Bei automatischen Geräten wird uns der Ton, den wir spielen, angezeigt, bei manuellen Geräten müssen wir die entsprechende Saite einstellen.
Nach links drehen wir die Wirbel, um die Saite höher zu stimmen, nach rechts entsprechend, um die Saite tiefer zu stimmen.

© 2006 by AMA Musikverlag

Die Stammtöne (I. Lage) / Die Grundakkorde

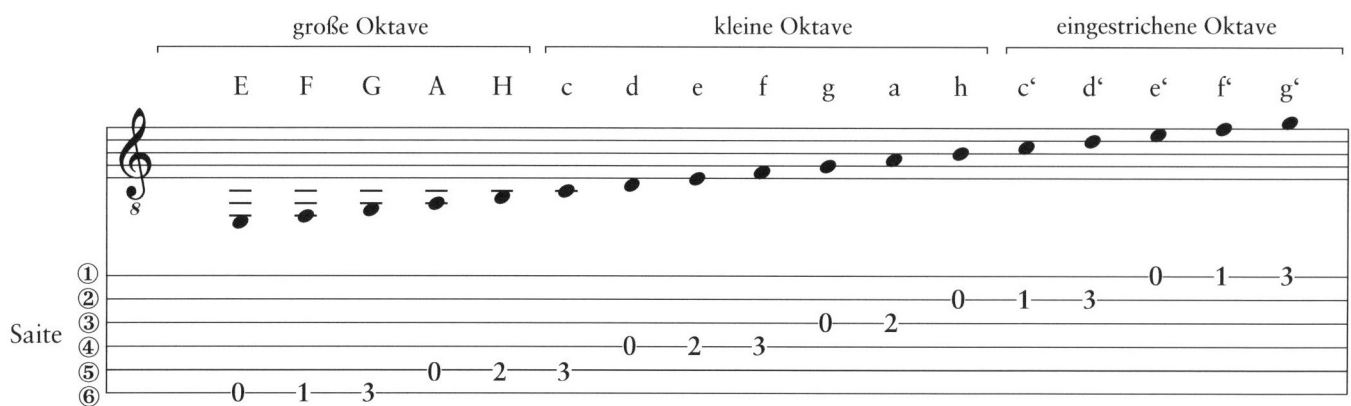

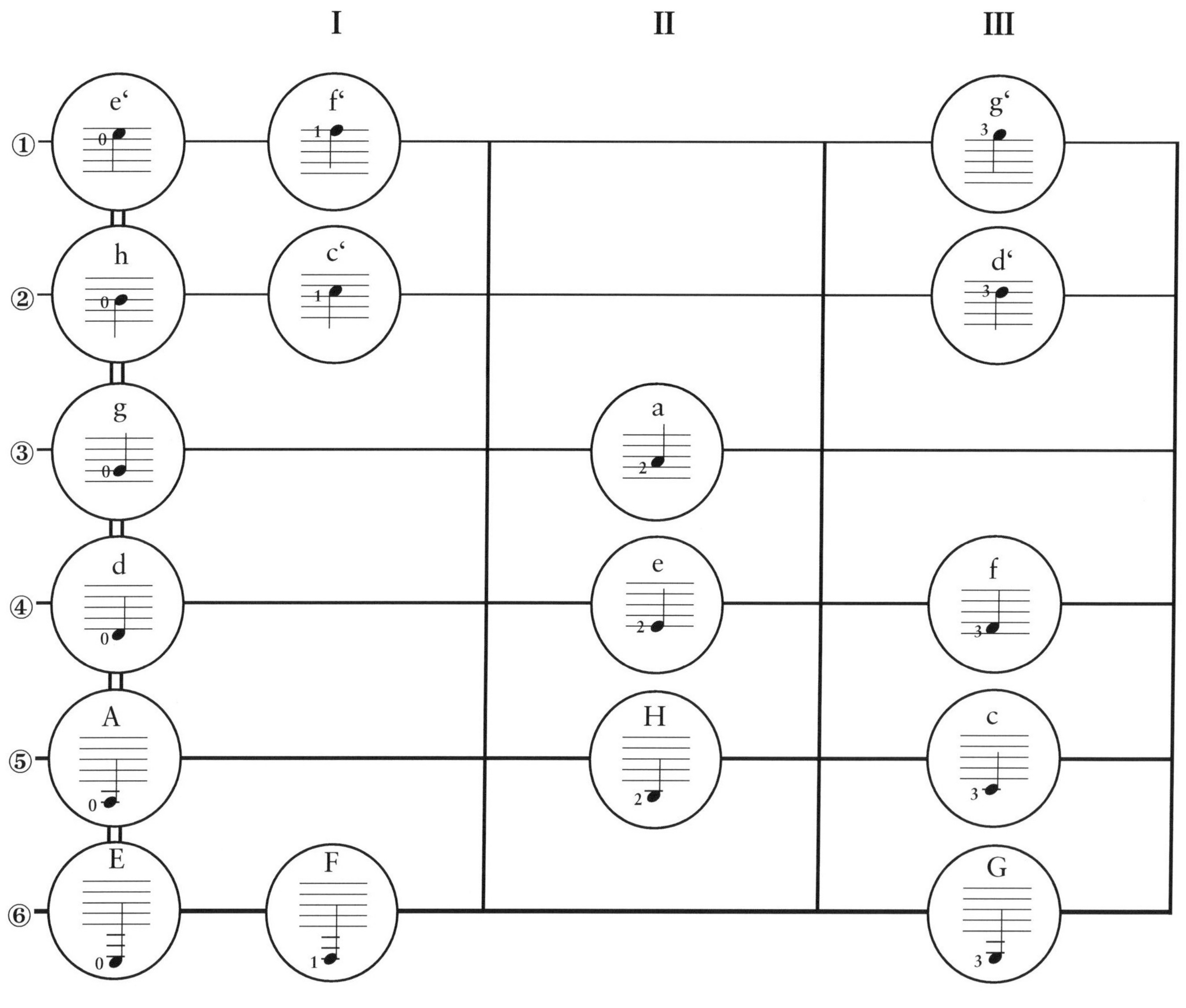

132

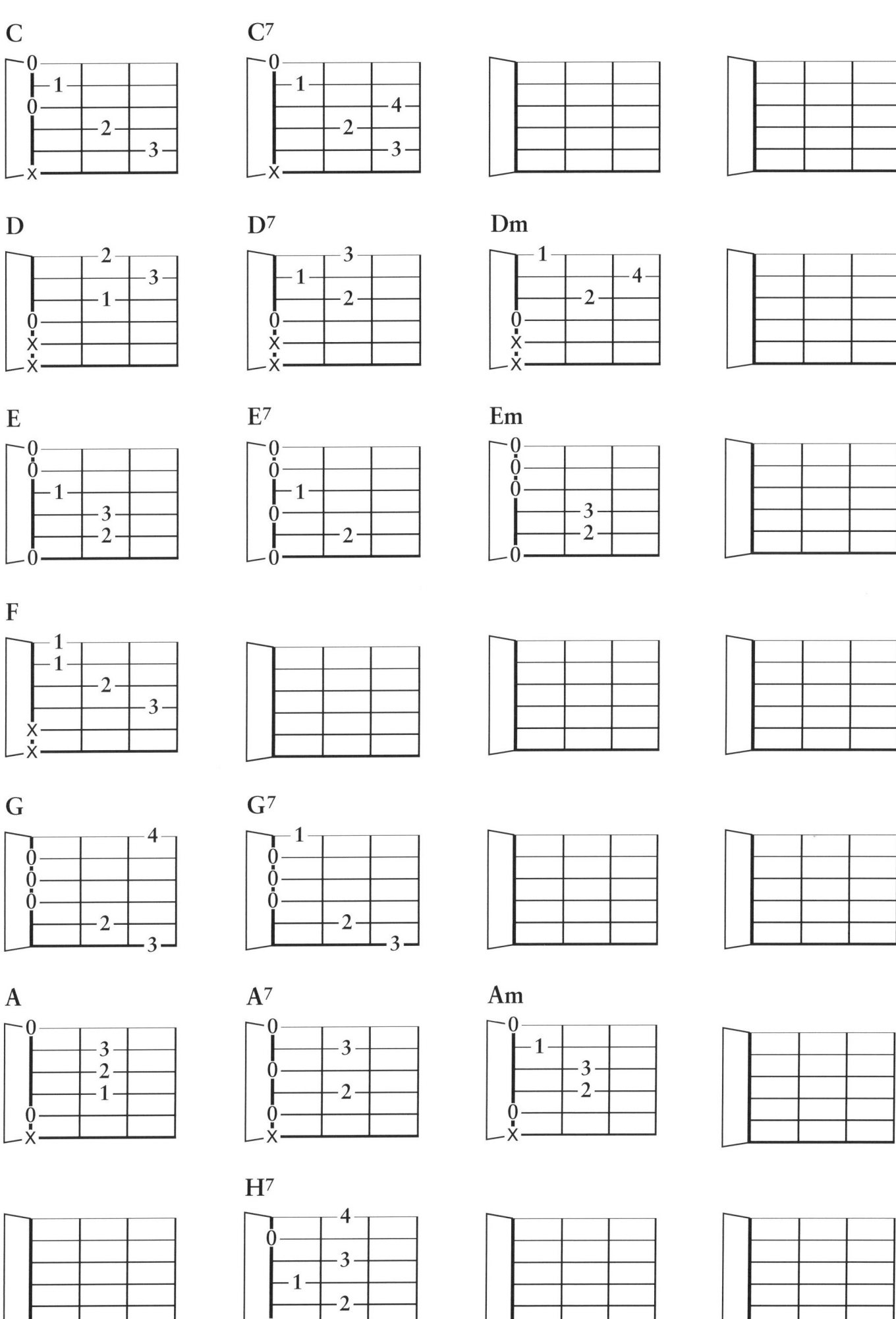

Titelverzeichnis

Titel	Seite	Titel	Seite
A Clean Sweep	55	Oh When The Saints	90
Ain't That Simple?	71	Old Mac Donald	73, 74
All On Board	100	Rock The H	26, 27
Alle Jahre wieder	91	Saturday Afternoon In The Park	87
Another Point Of View	70	So What?	84
And The Winner Is	83	Stairways Up	31
Auf der Mauer, auf der Lauer	14, 41, 45, 75	Stay Tuned	102
Aura Lee	96, 106, 107	Straight Forward	56, 76
Birker Reggae	51	Sunday Afternoon	89
Birker Reggae Reloaded	102	That's All	25
Blues	14	That's All For Two	26
Brain Up	112	The Answer Is Fourty-Two	43
Brain Up For One	101	The First Line	57
Bretonisches Lied	105	The Hidden Sound	30
Bruder Jakob	11, 42	The Music Observer	83
Camptown Races	92	The Point	62
Deep Thought	101	The Second Line	66
Don't Panic	34	The Soundtracker	38
Don't Stop	108	The Third Chance	47
Drei Chinesen mit dem Kontrabass	13, 67	The Trailer	101
Genuine Guitar	100	Think Twice	42
He ho, spann den Wagen an	12, 49	Third H (Part 1)	31
House Of The Rising Sun	99	Third H (Part 2)	33
Ich geh' mit meiner Laterne	60	Three Chords	52
Im Märzen der Bauer	64, 81	Time To Play	48, 79
It's Not Unusual	37	Try It Once More	44
Jingle Bells	46, 78	Try It With Variations	21
Keltisches Lied	104	Try To Remember	17
Lasst uns froh und munter sein	59	Twice As Much	29
Long, Long Ago	98	Walk The Line	61
Maria durch ein Dornwald ging	97	Where Are You Now?	77, 86
Mein Hut, der hat drei Ecken	94	Your H	27
Merrily We Roll Along	12, 58	Zum Geburtstag	65, 82
Morgen kommt der Weihnachtsmann	40, 72		
Never Walk Alone	110		
No Name	100		
Now Or Never	43		

© 2006 by AMA Musikverlag

CD-Index

Track-Nr.	Titel	Seite
1	Die Basssaiten (Daumenanschlag)	9
2	Bruder Jakob	11
3	He ho, spann den Wagen an (A- und E-Saite)	12
4	d-Saite (mit Halben und Vierteln)	12
5	Merrily We Roll Along (A- und d-Saite)	12
6	E-, A-, d-Saite	13
7	Drei Chinesen mit dem Kontrabass (E, A, d)	13
8	Auf der Mauer, auf der Lauer (E, A, d)	14
9	Der 1. Akkord (Anschlag p-ima)	16 f.
10	Try To Remember	17
11	Try It With Variations	21 ff.
12	Tägliche Übung 1 mit bekannten Basstönen	24
13	That's All For Two	26
14	Rock The H	26 f.
15	Your H	27 f.
16	Twice As Much	29
17	The Hidden Sound	30
18	Third H (Part 1)	31
19	Variation 4 von „Stairways Up"	32
20	Tägliche Übung 2 mit bekannten Basstönen	33
21	Third H (Part 2)	33
22	Dont't Panic	34
23	It's Not Unusual	37
24	The Soundtracker	38
25	Auf der Mauer, auf der Lauer (Duo)	41
26	Think Twice	42
27	Now Or Never	43
28	The Answer Is Forty-Two	43
29	Try It Once More	44
30	Jingle Bells	46
31	The Third Chance	47
32	Time To Play (Part A + Part B)	48
33	He ho, spann den Wagen an (Duo)	49
34	Birker Reggae (Quartett)	51
35	Three Chords	52
36	A Clean Sweep	55
37	Straight Forward	56
38	The First Line	57
39	3/4-Takt, Akkordwechsel C-Dur und G7	59
40	Ich geh' mit meiner Laterne	60
41	Walk The Line	61
42	The Point	62 f.
43	Im Märzen der Bauer (Duo)	64
44	Akkordübung	65
45	Zum Geburtstag	65
46	The Second Line	66
47	Die Hauptakkorde in C-Dur	66
48	Drei Chinesen mit dem Kontrabass (Duo)	67
49	Wechselschlag	69
50	Another Point Of View	70
51	Ain't That Simple?	71
52	Old Mac Donald	73 f.
53	Auf der Mauer, auf der Lauer (Duo)	75
54	Straight Forward (Duo)	76
55	Where Are You Now?	77, 86
56	Jingle Bells (Trio)	78
57	Time To Play	79
58	Die Hauptakkorde in A-Moll	82
59	And The Winner Is	83
60	The Music Observer	83
61	So What?	84
62	Akkordfolge in C-Dur	85
63	Die Hauptakkorde in C-Dur	87
64	Saturday Afternoon In The Park	87
65	Sunday Afternoon	89
66	Die Hauptakkorde in G-Dur	90
67	Oh When The Saints	90
68	Alle Jahre wieder	91
69	Camptown Races	92
70	Die Hauptakkorde in D-Dur	93
71	Mein Hut, der hat drei Ecken	94
72	Die Hauptakkorde in A-Dur	95
73	Die Hauptakkorde in A-Moll	95
74	Maria durch ein Dornwald ging	97
75	Long, Long Ago	98
76	House Of The Rising Sun	99
77	No Name	100
78	All On Board	100
79	Genuine Guitar	100
80	Brain Up For One	101
81	Deep Thought	101
82	The Trailer	101
83	Stay Tuned	102
84	Birker Reggae Reloaded	102
85	Keltisches Lied	104
86	Bretonisches Lied	105
87	Aura Lee (1)	106
88	Aura Lee (2)	107
89	Don't Stop	108
90	Never Walk Alone	110
91	Brain Up	112
92	Leersaiten-Stimmton E	
93	Leersaiten-Stimmton A	
94	Leersaiten-Stimmton d	
95	Leersaiten-Stimmton g	
96	Leersaiten-Stimmton h	
97	Leersaiten-Stimmton e'	

© 2006 by AMA Musikverlag

Die gelernten Töne

Immer wenn wir eine neue Note lernen, schreiben wir sie mehrmals in das vorbereitete Notensystem:

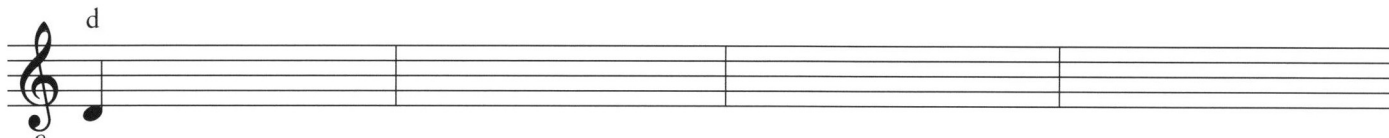

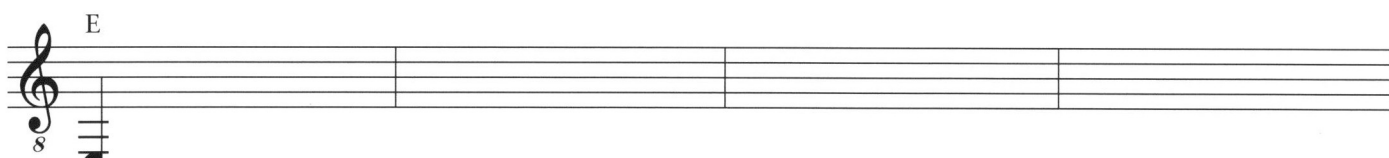

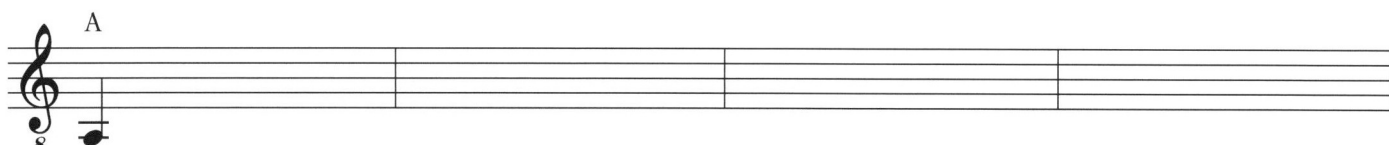

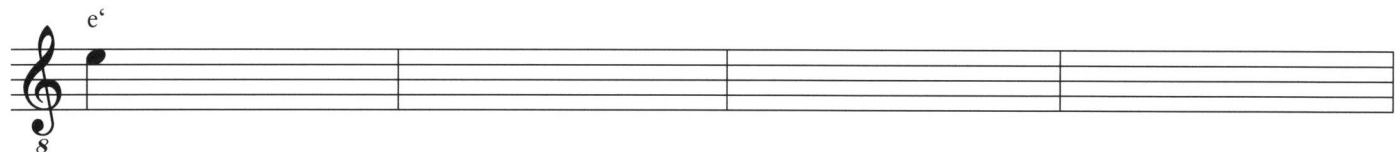

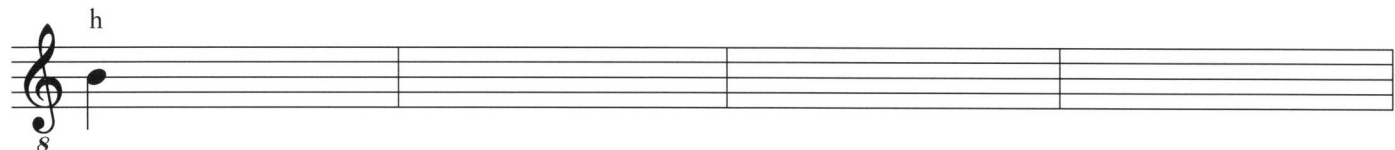

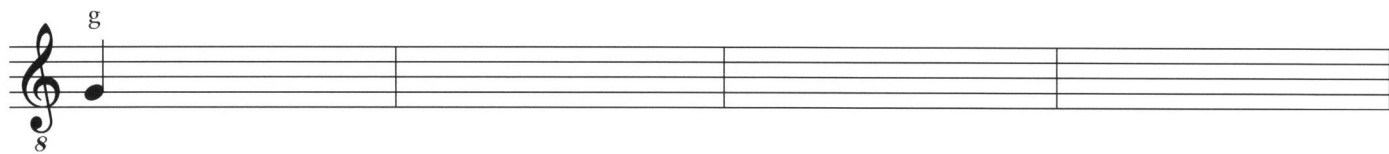

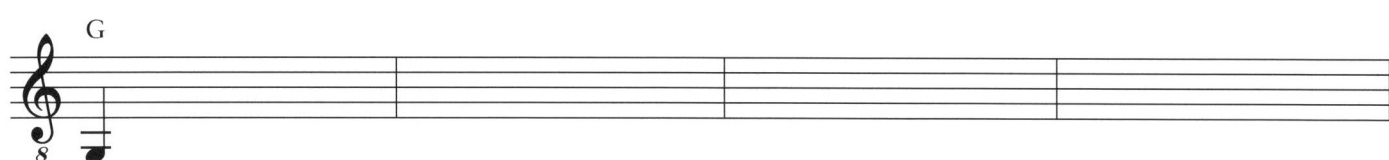

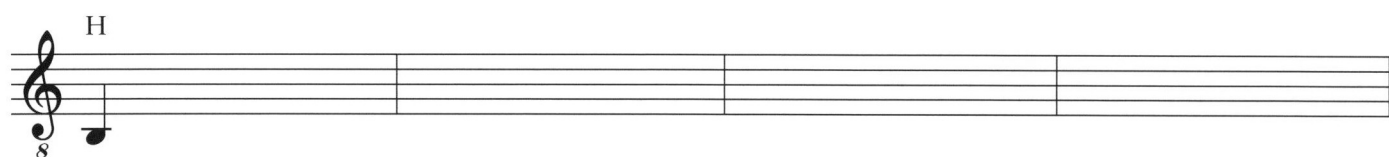

Übeplan

	Mo	Di	Mi	Do	Fr	Sa	So
Tägliche Übungen							
Wiederholung							
Schwierige Stelle							
Neues Stück							

	Mo	Di	Mi	Do	Fr	Sa	So
Tägliche Übungen							
Wiederholung							
Schwierige Stelle							
Neues Stück							

	Mo	Di	Mi	Do	Fr	Sa	So
Tägliche Übungen							
Wiederholung							
Schwierige Stelle							
Neues Stück							

© 2006 by AMA Musikverlag

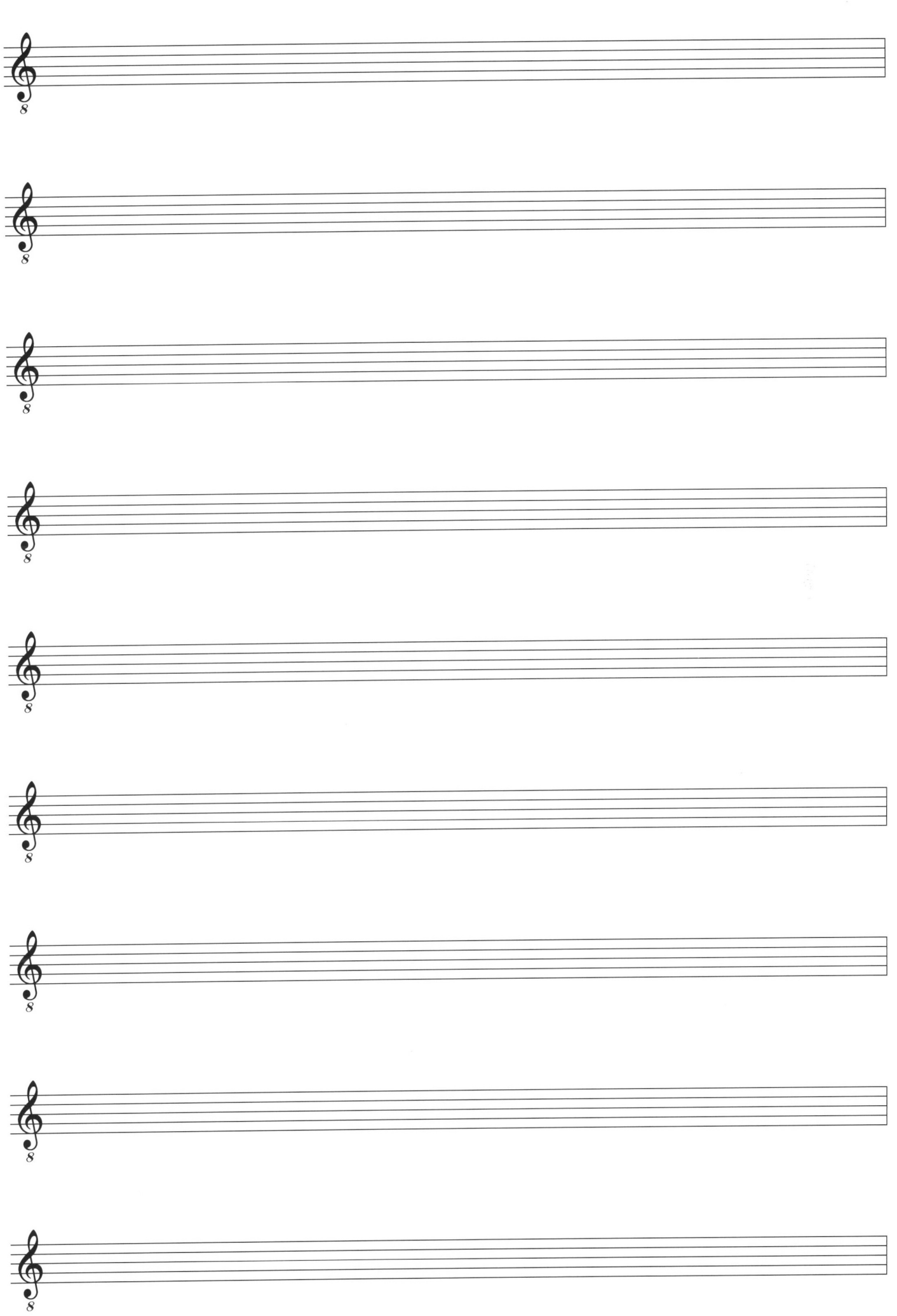

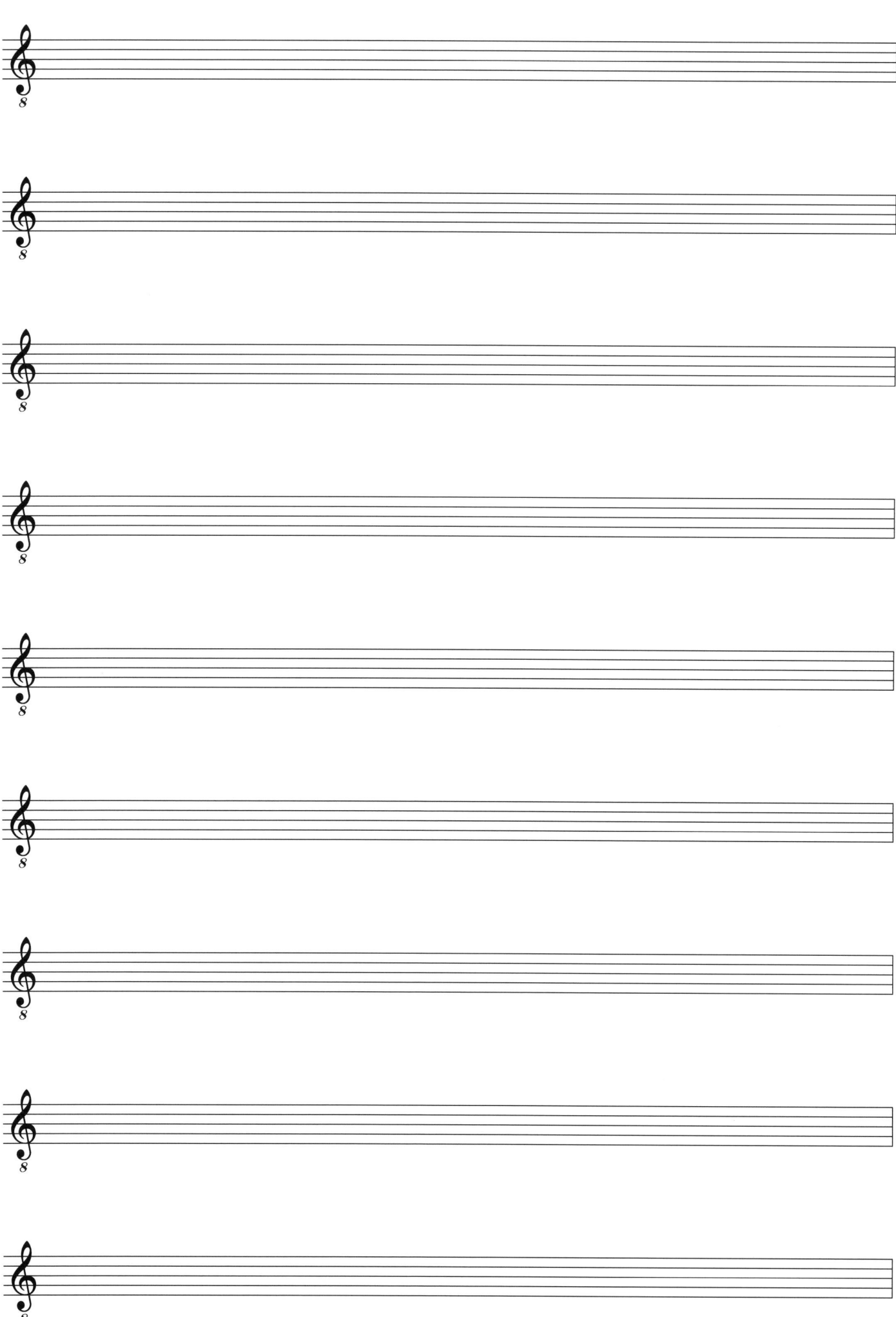

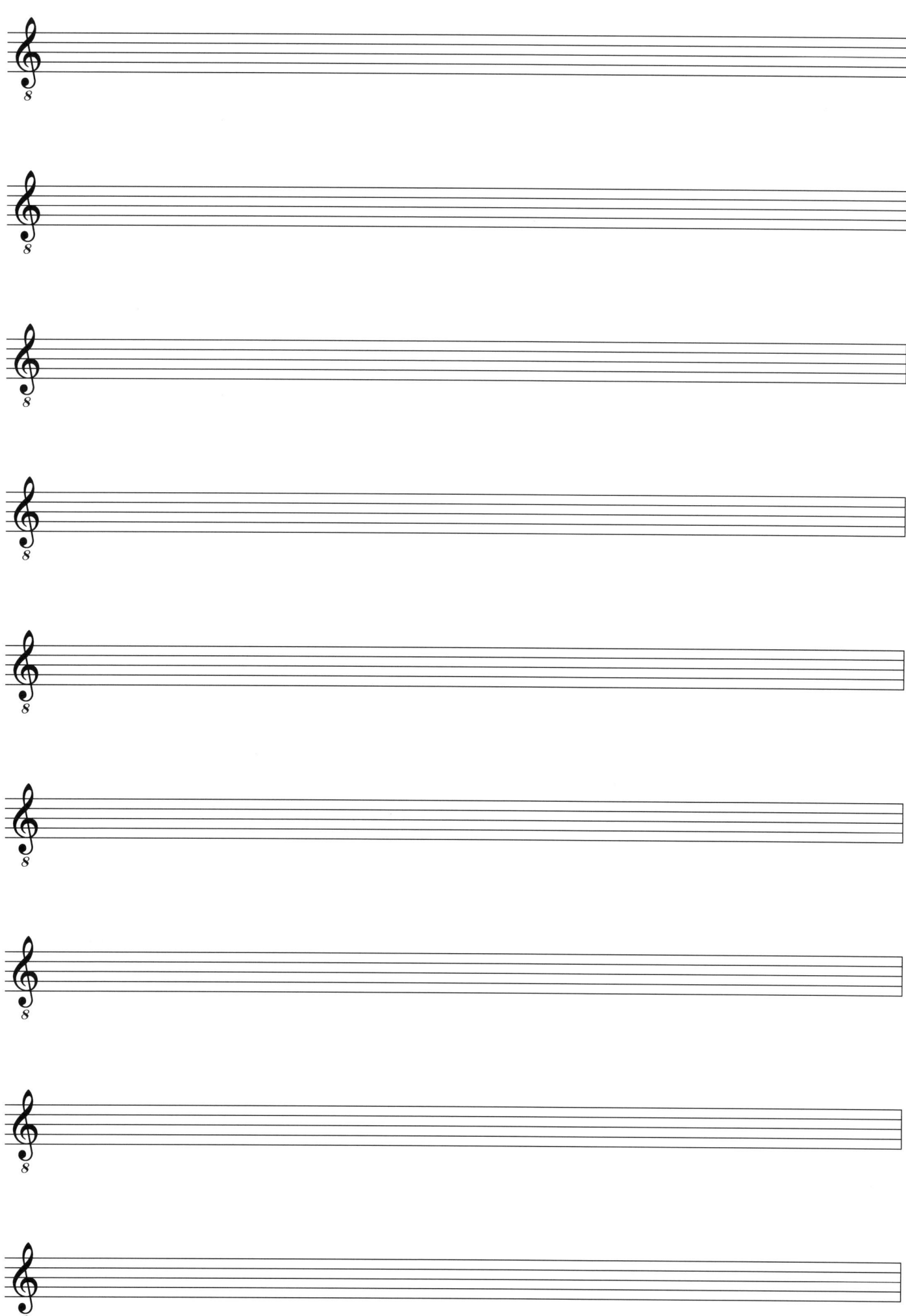

Jens Kienbaum: Abenteuer Gitarre

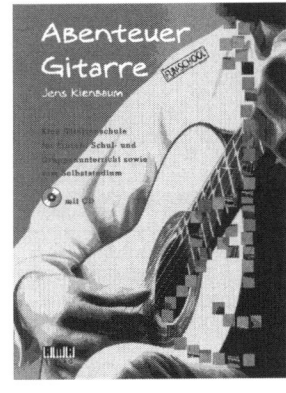

248 Seiten, inkl. CD
Best.-Nr. 610309
ISBN 978-3-89922-022-3
ISMN M-700185-64-0

Eine Gitarrenschule für Einzel-, Schul- und Gruppenunterricht sowie zum Selbststudium.

Ein neues Schulkonzept für den modernen Gitarrenunterricht. Eine Entdeckungsreise in die Klangwelt der Gitarre von klassischen Stücken über Begleittechniken, Folkpicking, Improvisation, Powerchords, Flamenco, Blues; Solo- und Duostücke u. a. m. Der Schüler wird zu einem erforschenden Lernen angeregt, das motiviert und neugierig macht auf den nächsten Lernschritt. Dabei wird von Anfang an der volle Klang der Gitarre als Harmonieinstrument im Spiel eingesetzt.

Eine hervorragende Grundlage, um sich später auf eine Stilrichtung zu spezialisieren.

Inhalt

1. Teil:
Die Gitarre
1.1 Die Gitarre
1.2 Tipps zum Kauf
1.3 Das Zubehör
1.4 Die Saiten und das Stimmen
1.5 Die Spielhaltung der Gitarre
1.6 Fingergymnastik für die linke Hand
1.7 Rechte Hand und Daumenanschlag
1.8 Die Noten
1.9 Übungen für den Daumen
1.10 Übungen mit „i m a" auf leeren Saiten
1.11 Der erste Akkord: E-Moll

2. Teil:
Die Grundlagen / Jetzt geht's los!
2.1 Die Töne in der I. Lage
- Der E-Moll-Akkord
- Der A-Moll-Akkord
- Der C-Dur-Akkord
- Der G7-Akkord
- Der D-Moll-Akkord
- Der F-Dur-Akkord
2.2 Vom Wechselschlag zum Lagenwechsel
- Der Wechselschlag
- Versetzungszeichen & Vorzeichen
- Der E-Dur-Akkord
- Der G-Dur- und D7-Akkord
- Der D-Dur- und A7-Akkord
- Der A-Dur- und E7-Akkord
- Einfacher Lagenwechsel
- Wechselschlag in Verbindung mit dem Daumen
2.3 Spielstücke 1

3. Teil:
Die Erweiterung der Spieltechnik / Jetzt wird's abenteuerlich
3.1 Der Partygitarrist

3.2 Nagelspiel
3.3 Arpeggien – Die Rechte-Hand-Gymnastik
3.4 Das Dämpfen der Basssaiten
3.5 Folkpicking
3.6 Tabulaturen
3.7 Apoyando
3.8 Spielstücke 2

4. Teil:
Und sonst? / Neue Eroberungen
4.1 Technik der linken Hand / Tonleiterspiel
- Greifen und Heben – Koordination beider Hände
- Saitenübergänge
- Lagenwechsel
4.2 Improvisation / Wieder 'ne Party
4.3 Barré
4.4 Powerchords
4.5 Bindungen
4.6 Blues
4.7 Flamenco
4.8 Über Fingersätze der rechten Hand
4.9 Spielstücke 3

5. Teil:
Kleine Musiklehre / Noch ein Abenteuer
- Unser Tonsystem
- Tonleitern / Tonarten
- Akkordaufbau

6. Teil: Anhang / Für alle Fälle
6.1 Erste Hilfe für den Partygitarristen
- Anschlagsformen
- Die Stammtöne in der I. Lage
- Die Grundakkorde
6.2 Musikalische Zeichen
6.3 Titelverzeichnis
6.4 CD-Index

Käppel, Hubert
22 leichte Gitarrenetüden

Gefragte Etüden für den Unterricht mit Erläuterungen schwieriger Passagen, die nach technischen Schwerpunkten geordnet sind.
Best.-Nr. 610222

Kumlehn, Jürgen
Hauptsache Gitarre
Songbegleitung – aber richtig

Wenn man eine Gitarre kauft, will man hauptsächlich eines: Songbegleitung erlernen. Wie das geht oder was man dazu tun muss, wird in diesem Buch erklärt: von allgemeinen und stilübergreifenden Zupf- und Plektrumrhythmen über technische Dinge der Hände – wie Greifen, Akkordwechsel, Anschlagen und Dämpfen der Saiten – sowie die authentische Begleitung in verschiedenen Musikstilen, bis hin zur Begleitung in verschiedenen Lagen und einfacher Harmonisierung eines Songs.
Best.-Nr. 610376

Brzoska, Ingo
Zeitreise

Musikliteratur durch alle Epochen, nicht nur aus dem Gitarrenbereich, spieltechnisch leicht aufbereitet, für 1–4 Gitarren. Allgemeine Informationen zur Geschichte, Hörtipps und Quiz zur Allgemeinbildung.
Best.-Nr. 610249

Mrutzek, Ralf
Traditionals Forever

Traditionals bearbeitet für klassische Gitarre. Neben den Noten und der Tabulatur bieten Schlag- und Pickingmuster auch andere Begleitmöglichkeiten.
- After Hours - Alberta, Let Your Hair Hang Low - Amazing Grace - Auld Lang Syne - Banks Of The Ohio - Bunclody - Everytime I Feel The Spirit - Go Down Moses - Greensleeves - Henry Martin - Lili Of The West - Mary Hamilton - Morning Has Broken - My Singing Bird - Nobody Knows - Scarborough Fair - Singing With A Sword In My Hand - Somebody's Knocking At Your Door - und viele mehr.
Best.-Nr. 610239

Plath, Thorsten
Your First Melodies – Deine ersten Melodien

Anhand von 12 zeitgemäßen Songs übt der Einsteiger in der ersten Lage nicht nur das Notenlesen, sondern auch bestimmte rhythmische Schwierigkeiten zu meistern. Durch die vorangestellten Anleitungen, der Bass- und Rhythmusgitarrenbegleitung sowie durch eine mehrstimmige Soloversion ist das Buch für Einzel-, Gruppen- und Selbstunterricht zu empfehlen.
Best.-Nr. 610269

Fiedler, Wolfgang
Der AMA-Quintenzirkel für Gitarre

Der AMA-Quintenzirkel mit Gitarren-Griffbildern ist das zentrale Navigationswerkzeug in der Harmonik. Er macht die Dreiklänge und deren harmonische Funktion sichtbar, die in der angewählten Tonart zur einfachen Dur- und parallelen Moll-Kadenz gehören und damit das zentrale Akkordmaterial der meisten Songs bilden.
Best.-Nr. 610325

Kumlehn, Jürgen
Das große Klampfenbuch

150 Lieder mit wenigen Akkorden
Eine umfangreiche Sammlung von Traditionals, Folksongs, Volks- und Weihnachtsliedern aus den verschiedensten Ecken der Welt in möglichst leicht spielbaren, aber niveauvollen Arrangements.
Best.-Nr. 610360